AF342782

PRÉCIS HISTORIQUE

SUR

L'ORGANISATION

DES

ARMÉES FRANÇAISES

Par G. B.

> « Il serait à désirer..... qu'au »
> « lieu d'écrire des livres nouveaux, »
> « on s'appliquât à faire de bons »
> « extraits de ceux que nous avons »
> « déjà. »
>
> NAPOLÉON.

Traits principaux de l'organisation des armées françaises pendant les guerres de 1792 à 1815.

Principe divisionnaire. — Demi-brigades, brigades, divisions. — Constitution de la division.

Réunion temporaire de plusieurs divisions sous un seul commandement. — Corps d'armée.

Organisation des corps d'armée permanents.

Composition d'ensemble de l'armée allemande dans la guerre de 1870-71.

Organisation actuelle du corps d'armée en France.

Notions sur l'organisation du corps d'armée et de la division en Allemagne, en Russie, en Autriche et en Italie.

(Extrait du programme d'admission à l'École supérieure de guerre.)

PARIS

LIBRAIRIE MILITAIRE DE L. BAUDOIN ET Cᵉ

IMPRIMEURS-ÉDITEURS

30, Rue et Passage Dauphine, 30

—

1889

PRÉCIS HISTORIQUE

SUR

L'ORGANISATION DES ARMÉES FRANÇAISES

PARIS. — IMPRIMERIE L. BAUDOIN ET Cie, 2, RUE CHRISTINE.

PRÉCIS HISTORIQUE

SUR

L'ORGANISATION

DES

ARMÉES FRANÇAISES

Par G. B.

> « Il serait à désirer..... qu'au »
> « lieu d'écrire des livres nouveaux, »
> « on s'appliquât à faire de bons »
> « extraits de ceux que nous avons »
> « déjà. »
>
> NAPOLÉON.

Traits principaux de l'organisation des armées françaises pendant les guerres de 1792 à 1815.
Principe divisionnaire. — Demi-brigades, brigades, divisions. — Constitution de la division.
Réunion temporaire de plusieurs divisions sous un seul commandement. — Corps d'armée.
Organisation des corps d'armée permanents.
Composition d'ensemble de l'armée allemande dans la guerre de 1870-71.
Organisation actuelle du corps d'armée en France.
Notions sur l'organisation du corps d'armée et de la division en Allemagne, en Russie, en Autriche et en Italie.
(Extrait du programme d'admission à l'École supérieure de guerre.)

PARIS

LIBRAIRIE MILITAIRE DE L. BAUDOIN ET Cᵉ

IMPRIMEURS-ÉDITEURS

30, Rue et Passage Dauphine, 30

—

1889

AVERTISSEMENT

Cette modeste brochure a pour objet de résumer, dans ses traits essentiels, en la présentant sous une forme aussi claire et concise que possible, l'histoire des transformations subies depuis la Révolution jusqu'à nos jours par l'*Organisation des armées françaises*.

Sans doute, il existe sur ce sujet bien des ouvrages écrits avec une érudition et une compétence auxquelles l'auteur ne saurait prétendre. Mais on les lit peu. En effet, par leur substance même, ils sont d'une digestion pénible ; par leur volume et leur prix, ils effraient parfois les officiers les plus studieux qui ne les trouvent pas toujours dans les bibliothèques régimentaires, et ont rarement à leur portée d'autres bibliothèques mieux fournies ; enfin, ils nécessitent un travail personnel considérable si l'on veut en extraire et en résumer les données utiles et intéressantes, en laissant de côté les superfluités.

De même, tous les cours présents et passés d'art et d'histoire militaires fournissent les notions les plus indispensables sur cette matière. Mais c'est par lambeaux épars dans toute l'étendue du cours, ne s'enchaînant pas toujours rigoureusement, et dont le rapprochement est incommode ; la place restreinte qu'ils occupent entraîne quelque sécheresse, et, les explications faisant défaut, certains termes demeurent incompréhensibles.

L'auteur a essayé d'épargner à ses camarades ce travail long et fastidieux de compilation et de recherches difficiles, souvent peu fructueuses. Dans ce but, il a coordonné des notes résumant ses lectures personnelles ou puisées *in extenso* dans des ouvrages dont la valeur est au-dessus de toute critique, et s'est efforcé d'en faire un ensemble bien homogène, contenant le moins de chiffres possible, et où tout est sacrifié à la clarté et à la concision, afin d'en rendre faciles la lecture et l'étude.

Pour rendre le texte plus intelligible, et permettre de passer, dans une lecture rapide, sur certains détails explicatifs, il a fait figurer ces derniers en caractères spéciaux, laissant les points essentiels se détacher nettement sur l'ensemble.

Malgré tout le soin qu'il a apporté dans ce travail, quelques erreurs de détail ont pu se glisser dans la partie historique ; de même, ce qui a trait à l'organisation actuelle est susceptible de modifications importantes ; enfin, le développement de l'ouvrage peut paraître insuffisant. Il sera facile à chacun d'intercaler à son gré des feuilles où figureront des annotations rectificatives ou complémentaires, se rapportant aux particularités qui lui paraîtront plus intéressantes, ou résumant de nouvelles lois organiques.

L'auteur, voulant donner à cette brochure un caractère d'utilité réelle, a adopté pour elle la division contenue sous la rubrique « *Organisation et histoire militaires* » dans le programme d'admission à l'École supérieure de guerre :

    I. *Traits principaux de l'organisation des armées françaises pendant les guerres de 1792 à 1815.*

    II. *Principe divisionnaire. — Demi-brigades, brigades, divisions. — Constitution de la division.*

    III. *Réunion temporaire de plusieurs divisions sous un seul commandement. — Corps d'armée.*

    IV. *Organisation des corps d'armée permanents.*

    V. *Composition d'ensemble de l'armée allemande dans la guerre de 1870-1871.*

    VI. *Organisation actuelle du corps d'armée en France.*

    VII. *Notions sur l'organisation du corps d'armée et de la division en Allemagne, en Russie, en Autriche et en Italie.*

Il a fait entrer, dans la 1re partie, un examen rapide de nos lois de recrutement depuis la Restauration jusqu'en 1870.

En ce qui concerne la VIIe et dernière partie, les armées des grandes puissances européennes ayant de grandes analogies dans leur organisation, il s'est borné, toujours inspiré par la même idée de sobriété, à en indiquer les particularités essentielles, l'armée française étant prise comme terme de comparaison. Il a de la sorte simplifié sa propre tâche et rendu plus facile aussi celle du lecteur, qui verra une similitude à peu près complète avec notre armée dans tout ce qui ne sera pas mentionné.

Enfin, il s'estimera heureux s'il a pu être utile à ses camarades.

Paris, le 19 octobre 1888.

G. B.

PRÉCIS HISTORIQUE

SUR

L'ORGANISATION DES ARMÉES FRANÇAISES

PREMIÈRE PARTIE

Traits principaux de l'organisation des armées françaises pendant les guerres de 1792 à 1815. — Un mot sur nos lois de recrutement de 1815 à 1870.

CHAPITRE PREMIER

RÉPUBLIQUE

---

§ 1er. — INFANTERIE.

Avant le 14 juillet 1789 elle comprenait :

2 régiments des gardes;

79 régiments français
23 régiments étrangers } à 2 bataillons;

12 bataillons de chasseurs à pied;

Les milices provinciales :

Leur institution tour à tour supprimée et rétablie sous l'ancienne monarchie portait en elle le germe de l'armée moderne. Son dernier rétablissement était de 1771, et sa dernière réorganisation de 1778.

Elles comprenaient :

13 régiments de grenadiers royaux ;

14 régiments provinciaux ;

78 bataillons de garnison.

« Elles furent d'abord employées à combler les vides faits par la guerre dans les régiments de ligne, puis des régiments de milice furent appelés à l'armée, passant alors à la solde du Roi et prenant le nom de régiments provinciaux » (1). On y servait de 4 à 6 ans pendant lesquels on était soumis à des exercices réguliers et périodiques. Le recrutement dirigé par les intendants se faisait par le tirage au sort et à l'exclusion des hommes mariés. Quoi que le remplacement fût défendu, il se pratiquait ouvertement ; le prix d'un remplaçant variait de 4 à 500 livres. De plus, l'arbitraire des intendants s'exerçant en toute sécurité, ils exemptaient ceux qu'ils voulaient.

7 régiments des colonies.

Création de la garde nationale : En 1789, les craintes de sédition dans la capitale avaient poussé Louis XVI à concentrer au Champ-de-Mars et dans d'autres camps aux environs de Paris 30,000 hommes de troupes. S'inspirant contre cette mesure, Mirabeau, dans la séance du 8 juillet, fit à l'Assemblée nationale l'étrange proposition de créer à Paris et à Versailles des gardes bourgeoises qui remplace-raient ces défenseurs de la royauté et veilleraient au maintien de l'ordre, sans exciter le mécontentement et la jalousie du peuple. Le peuple, dit le fougueux tribun, est porté à la révolte par ces rassem-blements de troupes ; et lui qui souffre de la rareté des subsistances voit avec déplaisir ces soldats oisifs auxquels le pain est assuré. — Le lendemain de la prise de la Bastille, comme pour consacrer sa pre-mière défaite et faciliter de nouveaux triomphes à ses adversaires, l'auguste vaincu, le Roi lui-même, dans la salle de l'Assemblée, annonce qu'il vient de donner aux troupes l'ordre de quitter Paris et Versailles.

Aussitôt, comme par enchantement, une milice bour-geoise s'improvise. Le marquis de Lafayette est désigné par acclamation pour la commander. — Imitant la capi-tale, les principales villes de France créent aussi dans

---

(1) *Transformations de l'armée française*, général Thoumas.

leur sein des milices bourgeoises. Les régiments, appelés à fraterniser avec ces milices, adoptent avec ardeur les idées nouvelles d'indépendance et de liberté. Les progrès dans cette voie furent rapides : l'armée sembla se dissoudre par l'indiscipline et la révolte, pendant que la garde nationale tendit à s'accroître et se fortifier par ses affiliations avec les troupes régulières, et par les fédérations entre les différentes parties qui la constituaient elle-même. L'autorité sur les troupes échappant aux généraux et aux officiers, beaucoup d'entre eux émigrent; l'émigration, du reste, paraît aux yeux des nobles une marque d'attachement au Roi qui cherche lui-même à quitter la France (1).

En 1791, l'Assemblée constituante, comprenant la nécessité d'une armée régulière, réorganise les anciens corps en leur donnant des numéros suivant leur ordre d'ancienneté. — Considérant les milices provinciales comme contraires à l'institution de la garde nationale, elle les supprime, quoiqu'elles fussent capables de rendre des services.

Pour remplacer les milices supprimées, l'Assemblée constituante décrète en juin 1791 la mobilisation des gardes nationales, devant fournir 100,000 hommes qui s'engageront à servir pour un an. A cet appel, accueilli avec enthousiasme surgissent les premiers de ces fameux bataillons de volontaires. L'Assemblée leur reconnaît le droit d'élire leurs officiers et sous-officiers;

----

(1) *Histoire de l'armée en France*, par M. Courrent.

les cadres se forment principalement des anciens cadres des milices provinciales licenciées.

Tels furent les volontaires de 1791, les vrais, on pourrait même dire les seuls qui aient réellement justifié leur dénomination. Pendant que 60 ou 80,000 hommes des bataillons formés le plus rapidement se dirigent vers les frontières et sont répartis dans les places du Nord, on procède à la **réorganisation de la garde nationale** presque entièrement dissoute par leur départ.

Le 20 avril 1792, lorsque, sur la proposition du Roi, la guerre fut votée par acclamation dans l'Assemblée législative, l'armée française, insuffisante contre la coalition qui nous menaçait, était dans le plus complet désarroi :

1° Elle était désorganisée dans ses cadres par l'émigration de 12,000 officiers ;

2° Elle était troublée dans sa discipline par des agitations révolutionnaires, et par conséquent ne constituait pas une véritable armée, « une réunion d'hommes, quel qu'en soit le nombre, n'étant rien sans la discipline. »

« Celle des troupes de ligne avait été détruite par l'effet de la Révolution ; celle des volontaires était encore bien faible. Il ne fallait pas qu'elle fût excessive, mais ferme et adaptée au caractère du peuple français. — La civilisation qui a changé les mœurs a créé un art de la guerre qui suppose à la fois la valeur et la discipline. La perfection pour une armée consisterait à réunir au plus haut degré ces deux qualités. L'antiquité en a offert un exemple. Jusqu'ici, celles du Nord ont fondé plus d'espoir sur la discipline que sur la valeur ; elles l'ont poussée jusqu'à l'excès, la rendant minutieuse, quelquefois dégradante ; celles du Midi ont fait plus de cas de la valeur. Si celle-ci est plus journalière, l'autre se relâche par l'usage qu'on en fait ; les armées les plus disciplinées la perdent quand la guerre se prolonge, les autres à la fin d'une campagne. Nos premières assemblées avaient sous les yeux l'effet du mécontentement produit dans l'armée par l'introduction de la discipline allemande. Les lois qu'elles firent étaient sévères, sanguinaires même, mais seulement sur les points les plus essentiels. Comme elles n'étaient point tracassières et pour le temps de guerre seulement, elles atteignirent pleinement leur but » (1);

3° Elle était menacée dans son existence même par un parti qui voulait lui substituer la garde nationale ou la nation armée;

4° Enfin, la France n'ayant depuis 30 ans fait d'autre guerre que celle de la Révolution d'Amérique qui n'avait employé que quelques régiments, presque personne n'avait d'expérience, et on devait s'attendre à des revers dès le commencement.

L'infanterie était, à ce moment, organisée de la façon suivante :

1° *Infanterie de ligne :*

106 régiments dont 82 français et 24 étrangers. Organisés en 1791 par l'Assemblée constituante, ils comprenaient 2 bataillons de 9 compagnies, dont une de grenadiers. Le bataillon était fort de 750 hommes. Ces régiments de ligne ne manquaient pas absolument d'instruction, mais ils n'avaient que celle nécessaire à la parade et dans les évolutions de paix. Ils s'affaiblirent extrêmement en perdant du monde par la désertion. Le recrutement ne pouvait les compléter, car les bataillons de volontaires, corps nouveaux, offrant à la fois plus de liberté et d'avantages, les jeunes gens qui jusque-là avaient fourni les enrôlements pour l'armée régulière préféraient de beaucoup y entrer. Ainsi, dès les premiers mois de 1792, le Ministre de la guerre Narbonne, signale à l'Assemblée législative la difficulté du recrutement des troupes de ligne où il constate déjà un déficit de 50,000 hommes.

2° *14 bataillons de chasseurs à pied :*

A 8 compagnies. Recrutés parmi les hommes de pays de montagnes ou de forêts.

3° *Les bataillons de volontaires :*

Afin d'attirer plus facilement les volontaires sous les drapeaux, l'Assemblée législative décrète qu'ils seront libres de rentrer dans leurs

(1) Maréchal Gouvion-Saint-Cyr.

foyers après chaque campagne en prévenant deux mois d'avance le capitaine de leur compagnie ; la campagne devait être regardée comme terminée le 1er décembre de chaque année.

M. Camille Rousset, dans son œuvre si remarquable des « volontaires », a détruit la légende qui s'était attachée à leur nom.

« Les bataillons de volontaires se multipliant beaucoup furent médiocrement composés et mal commandés ; leur instruction militaire était nulle comme leur discipline. Le bon et le mauvais côté se coudoient dans cette question des volontaires qu'il faut traiter sans parti pris. Pour les uns, les volontaires de 1792 sont tout, ce sont eux qui ont tout fait : cette assertion est fausse. Ce n'est pas avec des volontaires sans instruction, sans cohésion, sans discipline qu'on fait la guerre contre des armées fortement organisées..... Ceux qui ont déclamé contre les armées permanentes et le service obligatoire, qui ont dit, écrit et répété sur tous les tons, qu'il suffit à la France de frapper le sol de son pied énergique, pour en faire sortir des légions rendues invincibles par leur patriotisme et les grandes idées qui les animent, ceux-là ont indignement trompé le pays, parce que ces prétendus volontaires ont été envoyés de force à l'armée (nous le verrons plus loin. Seuls, les volontaires de 1791 font exception, comme nous l'avons vu ci-dessus), et que ces masses d'hommes levées et menées au feu au moment même de la guerre sont incapables de rendre dès leur début les services qu'on attend d'elles, et qu'on les sacrifie inutilement. Soutenir, d'autre part, que les volontaires n'ont rien fait que du désordre n'est pas plus vrai..... Ils ont été de bons auxiliaires de l'armée régulière sans laquelle, il ne faut pas se lasser de le répéter, ils n'auraient rien pu faire ; mais ils ont aidé l'armée, et ils ont une part importante dans la victoire. Le tort des prôneurs de volontaires est de ne pas tenir compte de l'armée, comme le tort de ceux qui ne voient que l'armée est de ne pas tenir compte des volontaires » (1).

Voici comment dans une séance de la Chambre des députés, le 6 février 1834, s'est exprimé le général Bugeaud, sur les résultats de l'enthousiasme au commencement de la Révolution française :

« On a parlé de l'enthousiasme! Selon tout le monde, c'était un grand moyen de guerre. Messieurs, l'enthousiasme est une fort bonne chose, quand il est accompagné de bons bataillons ; quand il est seul, c'est une vertu passagère, éphémère, comme toutes les passions violentes, et la moindre chose suffit pour le détruire..... Quelques journées de mauvais bivouac le font disparaître ; une batterie de 40 bouches à feu qui vomit la mitraille sur les enthousiastes les a bientôt réduits au silence. On nous a dit ensuite, et on a redit à satiété que les bataillons de volontaires, dans le commencement de la Révolution, avaient, grâce à l'enthousiasme, vaincu l'Europe. Eh bien, Messieurs, c'est faux ; vous n'avez qu'à consulter l'histoire. Dans les deux premières campagnes, les bataillons de volontaires furent presque indisciplinables parce qu'il s'y trouvait des hommes qui avaient apporté dans l'armée l'esprit des clubs, incompatible avec la discipline et la force mili-

---

(1) Dussieux, *L'armée en France.*

taire. Ils furent battus dans presque toutes les circonstances, et ce n'est qu'à la bataille de Fleurus qu'ils ont commencé à rendre des services. Messieurs, ce n'est qu'à Fleurus qu'ils ont commencé à rendre des services : à Jemmapes, à Valmy, les principales forces étaient composées de la vieille armée de ligne..... C'est le système de guerre que suivaient les étrangers qui a sauvé la France ; et ce système était un tâtonnement perpétuel qu'on appelait faussement méthodique. »

C'est donc bien l'ancienne armée de ligne, solide et instruite dans le métier quand on la compare aux volontaires, qui, presque seule, a soutenu les premiers efforts contre l'étranger.

Tout en étant pénétré du rôle fort important que joue le moral dans une armée, surtout dans une armée française, il est bon de méditer les paroles du célèbre maréchal, plus vraies que jamais, pour se défendre de tendances qui deviendraient funestes si nous croyions pouvoir puiser toute notre force à l'école de l'enthousiasme.

4° *30,000 hommes d'infanterie légionnaire et corps francs ;*

5° *6,000 hommes de compagnies départementales :*

Les uns et les autres disparaissant et se fondant peu à peu dans la nouvelle armée.

Après nos premiers revers, la patrie est déclarée en danger. Au déficit signalé par Narbonne, vient bientôt s'ajouter celui de 60,000 volontaires, laissant en Belgique Dumouriez et les vieux soldats des régiments, au milieu des neiges et des glaces de l'hiver, et rejoignant leurs foyers malgré les prières et même les menaces de l'Assemblée.

Des estrades s'élèvent alors sur les places publiques où des officiers municipaux reçoivent les enrôlements volontaires. La limite d'âge requise pour servir activement est abaissée de 18 à 16 ans, et la limite supérieure élevée à 45 ans. Mais ces moyens ne suffisant pas pour obtenir tous les soldats nécessaires, on en employa de plus prompts et de plus efficaces, en divisant le territoire en quatre grandes circonscriptions correspondant à chacune des armées. Les généraux furent autorisés à requérir dans chacune d'elles la moitié des gardes nationales.

Douze commissaires pris dans le sein de l'Assemblée durent se rendre dans les départements pour accélérer les réquisitions. Ils étaient investis de grands pouvoirs et autorisés à suspendre les plus hauts fonctionnaires civils et militaires, à les remplacer et à les mettre au besoin en état d'arrestation. Ils déployèrent la plus grande activité.

Comme on le voit, les volontaires de 1792 ne sont que des réquisitionnés, c'est-à-dire des volontaires par force.

En février 1793, la Convention reconnaissant la nécessité de porter à 500,000 hommes l'effectif de l'armée, décréta une levée de 300,000 hommes. L'enthousiasme ne devant pas suffire pour jeter 300,000 hommes aux frontières, on imagina, pour couper court à toutes les difficultés et à toutes les résistances, de mettre en état de réquisition permanente et à la disposition du Ministre de la guerre jusqu'au complément de l'armée, les gardes nationaux de 18 à 40 ans non mariés ou veufs sans enfants.

La réquisition devait être faite en raison de la population des départements. On procédait aux désignations sommairement et sans réplique en se basant seulement sur la force physique et l'aptitude apparente au métier des armes; nulle autre règle, nul égard pour la position particulière des familles, ni pour les services déjà rendus.

« Quoiqu'il n'y eût rien de volontaire dans le service

imposé aux hommes de la réquisition, car ils étaient volontaires sous peine de mort, les bataillons qu'ils formèrent furent encore appelés bataillons de volontaires, et ce nom mensonger n'a pas peu contribué à fausser l'opinion et l'histoire » (1).

En même temps, pour reconstituer l'armée, la Convention décrète la loi de réorganisation de 1793, qui ne reçut d'ailleurs d'application réelle qu'en 1794. Elle organisait l'infanterie de la manière suivante :

1° *Infanterie de ligne :* Répartie en demi-brigades de 3 bataillons à 9 compagnies, dont 8 de fusiliers et 1 de grenadiers.

L'un de ces 3 bataillons devait être formé des débris de l'ancienne armée, et les deux autres de volontaires incorporés, désormais assimilés aux soldats de la ligne. — Les compagnies de grenadiers étaient destinées à être réunies en bataillons pour servir de réserve;

2° *Infanterie légère :* Répartie en demi-brigades de 3 bataillons à 9 compagnies, dont une de carabiniers.

On ne s'explique guère ces demi-brigades légères puisqu'elles avaient le même armement et le même service que celles de la ligne.

Le bataillon était fort de 7 à 800 hommes.

La loi forma 198 demi-brigades d'infanterie de ligne et 30 d'infanterie légère.

Dans chaque demi-brigade se trouve une compagnie de canonniers volontaires servant des canons de bataillon. Chaque bataillon a **2** pièces de 4, et, par suite la demi-brigade 6. Cette disposition eut parfois d'heureux résultats. Nous la verrons bientôt disparaître, puis être successivement reprise et abandonnée à différentes époques, sans qu'elle paraisse jamais devoir faire partie d'une organisation régulière.

---

(1) *L'armée en France*, Dussieux.

Six mois après, en août 1793, pour soutenir la lutte sur toutes les frontières et remplir les cadres de 14 armées, on eut besoin d'un million de soldats. La Convention décréta la levée en masse, et la réquisition y pourvut : point de recrutement, mais une réquisition permanente de tous les Français pour la défense de la patrie jusqu'au moment où les ennemis auront été chassés du territoire ; nul ne pourra se faire remplacer dans le service pour lequel il sera requis ; les citoyens non mariés ou veufs sans enfants de 18 à 25 ans marcheront les premiers. Les nouveaux bataillons ainsi formés prirent encore, et pour la dernière fois, le nom mensonger de bataillons de volontaires.

C'est au commencement de 1794, que la Convention voulant mettre fin à l'indiscipline et aux désordres amenés par la levée en masse et la réquisition, ordonna l'amalgame, c'est-à-dire l'incorporation des volontaires dans les anciens corps. La mesure avait déjà été prescrite dans la réorganisation de 1793, mais n'avait pas encore été mise en pratique.

L'infanterie resta organisée en demi-brigades formées par la réunion de 2 bataillons de volontaires ou réquisitionnaires avec un bataillon de ligne ou de chasseurs à pied. Elles reçurent des numéros d'ordre qu'elles conservèrent même en reprenant en 1803 le vieux nom de régiment. Chaque demi-brigade avait toujours une compagnie de canonniers.

On créa de la sorte 243 demi-brigades, et comme il restait encore beaucoup de bataillons de gardes nationaux, on en forma 15 autres demi-brigades, ce qui porta le nombre total des demi-brigades d'infanterie à 258 se décomposant ainsi :

226 d'infanterie de ligne
32 d'infanterie légère.

On se trouva bien de cette mesure, qui en ramenant un peu d'homogénéité dans l'armée constituait un réel perfectionnement.

Au point de vue financier également l'amalgame présenta de grands avantages. Voici comment Dubois-Crancé s'était exprimé à ce propos à la tribune de la Convention : « Niera-t-on la dilapidation extraordinaire que l'ignorance ou la mauvaise foi de quelques individus ont introduite dans l'administration des bataillons de volontaires ? Et en effet, pouvait-on exiger cette exactitude scrupuleuse et variée à l'infini d'hommes que le zèle et l'amour de la patrie ont portés subitement aux frontières ? Niera-t-on que les bataillons de ci-devant ligne ont dans leur sein des officiers, des quartiers-maîtres, des sergents-majors exercés de longue main à la comptabilité, et qu'en général, les conseils d'administration de ces corps sont mieux organisés que ceux des volontaires ? »

Quelques mois après l'établissement du Directoire, celui-ci, voulant renforcer les effectifs affaiblis et n'ayant ni le temps, ni l'autorité voulus pour faire de nouvelles levées, doubla les demi-brigades en les fondant ensemble deux à deux. Elles se trouvèrent ainsi portées au complet sans que l'effectif de l'armée fût augmenté. Seul, leur nombre fut réduit de moitié. L'effectif des bataillons fut ainsi porté à 1067 hommes.

En 1798, depuis six ans les réquisitionnaires se trouvaient encore maintenus sous les drapeaux par la loi de la levée en masse, mesure violente qui ne pouvait être que provisoire, car ce n'était pas une institution.

De ces hommes qui avaient défendu la patrie contre tant de dangers.

le feu et les maladies avaient détruit un grand nombre; les congés donnés à la paix n'en avaient libéré que fort peu. Aussi les désertions étaient-elles fréquentes, et elles tendaient à le devenir de plus en plus malgré la sévérité des peines. Il fallait porter remède au mal par des mesures de justice, en donnant du repos aux défenseurs qui, au prix de leur sang, avaient fait triompher la France de l'Europe.

« Au lieu d'une mesure extraordinaire et temporaire, il fallait prendre une mesure générale et permanente, rendre une loi, enfin, qui devînt en quelque sorte partie inhérente de la constitution » (1).

Alors fut votée, sur le rapport de Jourdan, la fameuse loi de la conscription, qui, entre les mains de Napoléon, devait devenir une sorte de réquisition permanente arbitraire, s'imposant à tous les âges avec levées anticipées et levées rétrogrades sur les conscrits et les gardes nationaux. Elle était ainsi conçue : Tout Français est soldat et se doit à la défense de la patrie. Lorsque la patrie est déclarée en danger, tous les Français sont appelés à sa défense suivant le mode que la loi détermine; ne sont pas même dispensés ceux qui auraient obtenu des congés. Hors le cas du danger de la patrie, l'armée de terre se forme par enrôlement volontaire et par la voie de la conscription militaire qui comprend tous les Français de 21 ans accomplis à 25 ans révolus.

Les jeunes gens étaient partagés en cinq classes, et le sort désignait les conscrits dans chaque commune. La durée du service variait selon les besoins d'une année à cinq, selon que les jeunes gens avaient été pris de 25 à 20 ans. En temps de guerre, la durée étant illimitée, le gouvernement délivrait les congés quand il croyait pouvoir le faire sans inconvénient.

« C'est en appliquant cette loi que la France eut sous le Consulat et le premier Empire ces armées qui acquirent tant de gloire par leurs brillants succès. Les guerres que l'Empereur eut à soutenir sans interruption le dispensèrent de libérer les soldats arrivés à 25 ans d'âge, et

---

(1) Thiers.

il eut ainsi les troupes les plus aguerries peut-être que l'on eût jamais vues, troupes qui furent commandées par des officiers et des sous-officiers comptant tout ce que la nation pouvait fournir d'hommes capables de remplir ces emplois. L'expédition de Russie fit tomber l'édifice de notre force militaire, quand périrent tout à la fois des cadres et des soldats incomparables; la loi de la conscription permit bien de lever de nouveaux soldats, mais si le nombre des hommes fut encore considérable, l'instruction militaire leur fit cruellement défaut. » (1).

§ 2. — CAVALERIE.

La cavalerie organisée sous Louis XVI resta intacte au début de la Révolution, son organisation étant bonne.

Au moment de la déclaration de guerre, elle comprenait :

1° Grosse cavalerie, 24 régiments :

    1 de cuirassiers.
    2 de carabiniers.
    21 de cavalerie.

2° Cavalerie de ligne, 18 régiments :

    Dragons.
Tous ces régiments étaient bien montés, instruits et disciplinés.

3° Cavalerie légère :

    12 régiments de chasseurs à cheval.
    6 régiments de hussards.
Elle n'était pas en rapport avec les besoins du moment.

4° 8,000 hommes environ de cavalerie légionnaire et départementale, formée par les volontaires.

---

(1) Général Favé, *Cours d'art militaire.*

Malheureusement « l'émigration lui avait enlevé presque tous ses officiers, et quand il s'agit de faire face aux dangers de l'extérieur, l'état des finances ne permit pas de donner à une arme aussi chère l'importance qu'elle eût dû avoir proportionnellement à l'effectif....... Toutes les ressources furent employées pour les munitions et les transports, il n'en resta que peu pour les chevaux de cavalerie, leur harnachement et leur nourriture » (1).

À la fin de 1792, il y avait plus de 7,000 gendarmes ayant fait la campagne et se trouvant organisés en escadrons.

En août 1793, notre cavalerie étant reconnue d'une insuffisance manifeste pour faire face aux 40,000 hommes de cavalerie de Cobourg, la Convention décrète qu'il sera fait une levée extraordinaire de chevaux pour le service de la cavalerie.

Le minimum à fournir par chaque canton et arrondissement sera de six chevaux ; ils seront équipés complètement pour l'arme à laquelle ils seront propres. Les municipalités fourniront en outre par chaque cheval, un sabre, deux pistolets et une paire de bottes.

La cavalerie devint bonne et rendit de grands services.

Elle fut réorganisée en 1794 et comprit :

1° Grosse cavalerie : 29 régiments à 4 escadrons, d'un effectif de 700 hommes ;

2° Cavalerie de ligne : 20 régiments de dragons à 6 escadrons, d'un effectif de 1400 hommes ;

3° Cavalerie légère :

23 régiments de chasseurs à 6 escadrons, d'un effectif de 1400 hommes.

---

(1) D'Andlau, *De la cavalerie dans le passé et dans l'avenir.*

11 régiments de hussards à 6 escadrons, d'un effectif de 1400 hommes.

La cavalerie légère ayant servi avec la plus grande distinction dans la campagne de 1792, tous les généraux en avaient réclamé l'augmentation. La cavalerie des légions départementales et les autres corps provisoires de cavalerie légère servirent à compléter les anciens régiments de chasseurs et de hussards, et à créer les nouveaux.

Dans la réalité tous ces régiments ne furent en général qu'à 3 ou 4 escadrons. L'escadron était subdivisé en deux compagnies formant chacune une unité administrative distincte.

Quelques mois après l'établissement du Directoire, quand les demi-brigades d'infanterie furent réunies deux à deux, les régiments de cavalerie ne reçurent qu'une faible remonte.

§ 3. — ARTILLERIE.

Depuis 1776 elle faisait usage du matériel dû à Gribeauval. Imitant une partie des modifications apportées dans l'artillerie autrichienne, il avait créé un matériel distinct pour chacun des services de côte, de place, de siège et de campagne, diminué le poids et la longueur des pièces, perfectionné et rendu plus mobiles les affûts, fabriqué en fer forgé les essieux jusqu'alors en bois, introduit l'attelage au timon, inventé la prolonge qui permettait à l'artillerie d'attendre l'ennemi à petite portée et montra la possibilité d'avoir des chevaux et des conducteurs sous le feu. Enfin il avait établi les premières hausses et la vis de pointage.

« Si pendant les guerres de la Révolution l'artillerie exerça sur le sort des batailles une influence nouvelle et décisive, elle le dut au grand homme qu'elle ne saurait trop honorer » (1).

____

(1) Général Favé, *Cours d'art militaire*.

En 1789 elle comprenait :

7 régiments,

7 compagnies de mineurs,

12 compagnies d'ouvriers,

1 régiment affecté au service des colonies.

En 1792 au moment de la déclaration de guerre, elle avait la même composition mais comprenait en plus 9 compagnies d'artillerie à cheval ou artillerie volante, déjà adoptée dans l'armée prussienne, et créée par Lafayette qui avait assisté en 1785 aux manœuvres de Silésie et avait pu en apprécier toute l'utilité. Cette innovation eut un plein succès, et un grand nombre d'autres compagnies furent successivement organisées pendant les guerres de la Révolution, il y en avait 28 en 1793. On en forma même des régiments qui rendirent les services les plus signalés ; ils étaient au nombre de 9 en 1794 et comprenaient chacun 6 compagnies de 6 pièces. « Cette artillerie à cheval éclipsa complétement l'ancienne artillerie à pied. Elle seule pouvait donner à notre cavalerie moins nombreuse, moins bien montée, moins exercée que la belle cavalerie autrichienne, la force de lutter avec celle-ci. Elle seule également pouvait se prêter à la nouvelle tactique de l'infanterie, et accompagner les bataillons dispersés en tirailleurs lorsqu'ils se précipitaient au pas de course sur les positions ou sur les lignes ennemies. Aussi l'artillerie à cheval fut-elle attachée aux divisions d'infanterie dans lesquelles se trouvait déjà fondue la cavalerie. L'audace et la rapidité d'allures de cette artillerie devinrent bientôt célèbres, et le rôle de l'artillerie à pied finit presque par être réduit à l'occupation permanente de positions défensives » (1). Son emploi en liaison constante avec la cavalerie ne date guère que du premier Empire.

____

(1) Général Thoumas, *Transformations de l'armée française*.

Si notre artillerie de 1792, quoique trop faible pour les besoins du moment, put nous aider puissamment à soutenir la lutte, c'est qu'elle était excellente, d'une instruction parfaite, et animée du meilleur esprit.

On sait qu'il n'était pas besoin de faire preuve de noblesse pour entrer dans cette arme ; aussi l'émigration y fit peu de prosélytes, et par conséquent il y eut moins de désorganisation que dans les autres armes.

Dans son ensemble, l'artillerie fut donc répartie de la manière suivante pendant les guerres de la Révolution :

1° Pièces de bataillon affectées aux demi-brigades d'infanterie, « suivant les mouvements des troupes, et dont la tactique se bornait à se porter de quelques mètres en avant de l'intervalle des bataillons pour l'exécution des feux, ou à protéger la formation des colonnes en se plaçant devant elles » (1).

2° Pièces de bataille provenant de la compagnie d'artillerie à pied affectée à chaque division mixte et formant la carcasse de la ligne de combat.

3° Artillerie à cheval « employée soit comme artillerie de réserve pour se porter rapidement à un point donné, soit comme artillerie auxiliaire de la cavalerie » (2) mais plus rarement avec ce dernier rôle.

En 1795 une loi fixe ainsi la composition de l'artillerie :

8 régiments à pied de 20 compagnies.

---

(1) Général Thoumas, *Transformations de l'armée française.*
(2) Dubail, *Précis d'histoire militaire.*

9 régiments à cheval de 20 compagnies.

1 bataillon de pontonniers de 8 compagnies, créé par la présente loi.

12 compagnies d'ouvriers.

On ne retrouve plus les 7 compagnies de mineurs existant en 1789 à cause de la création du corps du génie institué en 1793 comme nous le verrons plus loin.

En 1796, par suite de l'accroissement énorme de l'artillerie à cheval, les canons de bataillon sont supprimés, et la compagnie d'artillerie qui en faisait auparavant le service dans chaque demi-brigade est réunie au corps proprement dit de l'artillerie.

« Les inconvénients des canons de bataillon avaient été remarqués depuis quelque temps déjà (gaspillage énorme de munitions pour produire peu d'effet utile). Cependant l'artillerie régimentaire reparut sous l'Empire en 1809 et 1813. Mais son emploi ne fut que momentané et cessa avec les circonstances qui l'avaient fait naître. En 1809, l'Empereur l'organisa parce qu'il se préparait à livrer bataille sur un terrain complètement plat qui lui semblait favorable à l'emploi de cette artillerie. En 1813, l'Empereur en fit usage dans le but de relever le moral des jeunes conscrits » (1).

« Un principe certain, dit Napoléon, c'est que la quantité d'artillerie doit être subordonnée à la qualité des troupes. A-t-on de la mauvaise infanterie qui hésite à marcher à l'ennemi, on est contraint de placer toute sa confiance dans l'artillerie et de faire la guerre à coups de canon. Cette arme devient alors décisive pour le gain des batailles, et l'infanterie se ravale jusqu'à n'être plus qu'une arme secondaire, sans autre fonction que d'escorter le canon dans les marches et de le garder sur le champ de bataille. De deux mauvaises armées qui se livrent bataille, c'est celle qui parvient à mettre le plus de pièces en batterie qui remporte la victoire. Le maximum de ce qu'on peut employer d'artillerie dans les armées, quelque mauvaises qu'elles soient, a été atteint en 1813. Au delà de cette mesure, les autres armes ne suffisent plus pour garder les pièces. »

(1) Dubail, *Précis d'histoire militaire*.

§ 4. — GÉNIE.

En 1793, la Convention crée et organise le corps du génie, qui comprend :

12 bataillons de véritables sapeurs du génie à 8 compagnies de 200 hommes.

Auparavant les troupes du génie étaient composées de soldats d'artillerie un peu exercés à la sape et que l'artillerie prêtait aux officiers du génie.

En 1798, un décret réduit le corps du génie à 4 bataillons.

Pendant toute la Révolution, le corps du génie a compté 6 compagnies de mineurs.

§ 5. — COMBINAISON DES DIFFÉRENTES ARMES.

Les armées de cette époque étaient constituées par un certain nombre de divisions mixtes composées de la manière suivante :

1° 2 brigades d'infanterie à 2 demi-brigades chacune ;

2° 1 demi-brigade non embrigadée et pouvant servir de réserve à la division mixte ;

3° 2 régiments de cavalerie légère ou de dragons, mais rarement de grosse cavalerie. Ils étaient parfois embrigadés et pouvaient être détachés ;

4° 1 compagnie d'artillerie à pied ;

5° 1 compagnie d'artillerie à cheval. Pour les officiers d'artillerie elle était la préférée « parce que son action répondait à l'impétuosité de nos soldats, et que son feu exécuté de plus près avait plus d'efficacité. D'après un juge des plus compétents, le général Foy, cette préférence accordée à l'artillerie à cheval, l'emploi fréquent qu'on en faisait, portèrent préjudice à l'artillerie à pied dont les officiers découragés se confinèrent volontiers dans les établissements du matériel ».

« Toute l'artillerie des divisions, personnel et matériel, était censée dépendre du grand parc, et pouvait y rentrer d'un instant à l'autre en tout ou en partie. Ce parc était une sorte d'arsenal ambulant où l'on trouvait toutes choses nécessaires pour renforcer et remplacer au besoin l'artillerie divisionnaire. — Les gros calibres formaient des batteries de position manœuvrées par les canonniers restés au parc après que l'on avait pourvu au service des pièces de bataille » (1).

L'effectif était de 12 à 15,000 hommes.

Une armée, en dehors du nombre variable de divisions mixtes dont elle se composait (souvent 3, une au centre et deux aux ailes), comprenait en outre :

1° Une réserve de 2 brigades d'infanterie et 2 compagnies d'artillerie à pied ;

2° Une réserve de cavalerie de 2 à 4 régiments avec 1 compagnie d'artillerie à cheval au moins.

La division mixte était, sur une échelle plus grande, un corps tout à fait comparable et qui a été souvent comparé à la légion romaine formée également de troupes de toutes armes et pourvue de tous les accessoires en matériel. Sa composition a cela de remarquable qu'elle met en lumière le principe de l'appui réciproque que les différentes armes doivent se prêter entre elles, dont le génie de Bonaparte devait faire les plus brillantes applications. Reproduisant dans sa composition les mêmes éléments et combinés dans la même proportion que l'ensemble de l'armée, elle donnait la faculté d'agir isolément, de se détacher du reste de l'ar-

_____

(1) Rocquencourt, *Cours d'art et d'histoire militaires.*

mée et jusqu'à un certain point de se suffire. En cela le système des divisions mixtes développa au plus haut point le talent des généraux divisionnaires ; mais par l'indépendance même qu'il leur donnait, il amenait parfois un manque de cohésion dans l'ensemble des opérations. En effet, « il diminuait l'action du commandant en chef qui n'était pas généralissime dans toute la force du mot ; il donnait au contraire aux généraux de division une tendance à faire des entreprises ne se liant pas toujours avec le plan général d'opérations, surtout quand le général en chef n'exerçait pas son autorité avec assez de rigueur pour les rattacher sans cesse à une action commune ; il rendait plus difficile la concentration de l'armée. Cela explique pourquoi, dans une aussi grande conflagration, les batailles générales furent rares et les combats fréquents. Enfin, ce système d'opérations partielles est beaucoup plus propre à éterniser la guerre qu'à procurer des résultats décisifs ; il expose sans cesse quelques-unes des parties de l'armée à être séparées, tournées, et battues à l'insu des autres » (1).

Le fractionnement en divisions mixtes suffit à Bonaparte en Italie, en 1796, parce qu'ayant des forces peu nombreuses il en commandait seulement cinq. Mais s'il est « excellent pour les armées qui ne dépassent pas 70,000 hommes puisque le général en chef n'a que 4 ou 5 divisionnaires, ou même obligatoire pour des armées plus fortes appelées à se mouvoir sur des terrains coupés comme ceux de l'Allemagne centrale (on peut même

---

(1) Rocquencourt, *Cours d'art et d'histoire militaires.*

être obligé de descendre à la brigade sur des théâtres d'opération comme la Haute-Italie, où les troupes ne peuvent se mouvoir que sur les routes, à cause de la présence d'innombrables fossés et canaux d'irrigation, et où, par conséquent, il est impossible de placer de grandes fractions sous le commandement d'un seul homme), il se trouve insuffisant pour des armées de 120 à 150,000 hommes. Le général en chef aurait en effet 12 à 15 divisionnaires, et par suite autant d'ordres à donner. Or Napoléon a dit : « La limite des facultés humaines est telle qu'il n'est donné à aucun général de commander sur le même théâtre d'opérations plus de 5 unités distinctes » (1). Notons en passant que les Romains limitèrent constamment l'armée consulaire à 4 légions.

On reconnut bientôt ce que ce système avait de vicieux pour de grandes masses, et nous verrons plus loin qu'on l'abandonna.

Un détail pour finir; il n'est peut-être pas à sa place, mais il est intéressant en ce qu'il montre quelles étaient les mœurs militaires de l'époque : « les généraux se plaignaient du grand nombre de femmes suivant les armées; à la retraite de Belgique, elles formaient une seconde armée. L'exemple, dit Soultier, était donné par Dumouriez, dont le quartier avait beaucoup de ressemblance avec le harem d'un vizir. Le 30 avril 1793, la Convention envoie l'ordre aux généraux d'avoir à renvoyer dans la huitaine les femmes inutiles au service des armées, c'est-à-dire celles non employées au blanchissage et à la vente des vivres et boissons » (2).

---

(1) Dubail, *Précis d'histoire militaire.*
(2) Henri Choppin, *Notes sur l'organisation de l'armée pendant la Révolution.*

CHAPITRE II.

CONSULAT.

« Au moment où Bonaparte arriva au pouvoir comme premier consul, il trouva l'armée réorganisée sur les bases posées par la Convention. Il eut donc peu à faire au début » (1).

§ 1er. — INSTITUTIONS NE SE RATTACHANT PAS AUX TROIS ARMES.

Bonaparte augmenta la gendarmerie départementale, et saisit toutes les occasions de la récompenser ; il songeait déjà aux services que cette milice pouvait lui rendre dans ses audacieux projets » (2).

Il créa des inspecteurs aux revues chargés de constater le nombre des hommes présents sous les armes, et d'empêcher que le Trésor ne payât des soldats qui n'étaient présents que sur le papier.

Il créa le corps des ingénieurs-géographes des camps et armées, et porta ainsi l'art de lever et dessiner les cartes et plans à un haut degré de perfection.

(1-2) *Cours d'art et d'histoire militaires*, Saint-Cyr, 2e division, 1880-81.

La garde nationale désormais ne serait plus rendue active que dans le cas d'une attaque étrangère; il se réservait d'en nommer les officiers.

La loi de la conscription votée en 1798, fut complétée en 1803, par la fixation du contingent annuel à 60,000 hommes, dont la moitié seulement devait être appelée en temps de paix. Mais l'état de guerre devint bientôt permanent pour la France, et Napoléon fut entraîné non seulement à employer les contingents complets, mais à appeler à l'avance des classes entières de conscrits à l'aide de lois spéciales votées par des Chambres soumises à sa volonté.

§ 2. — INFANTERIE.

Bonaparte crée la garde consulaire : c'était une véritable division de guerre d'environ 6,000 hommes « et où toutes les armes étaient représentées, même la marine qui fournissait un bataillon. Elle était destinée à ouvrir et faciliter la carrière à ceux des jeunes gens des classes aisées que leur âge ou tout autre motif aurait empêchés d'entrer à l'École militaire » (1).

Composé des plus beaux et des plus vaillants soldats de l'armée, ce corps d'élite devait offrir une réserve invincible un jour de bataille. On se souvient que le bataillon de grenadiers de la garde consulaire sauva presque l'armée à Marengo. Après la proclamation de l'Empire, la garde consulaire deviendra la garde impériale dont Napoléon ne cessera pas d'augmenter l'importance à cause de la prédilection bien justifiée qu'il aura pour elle.

Bonaparte ressuscite la plupart des anciens noms tels que ceux de « colonel » et de « régiment ».

---

(1) *Cours d'art et d'histoire militaires*, Saint-Cyr, 2ᵉ division, 1880-81.

L'infanterie fut réorganisée en 1803. Elle comprit :

90 régiments de ligne ;

29 régiments d'infanterie légère.

Chaque régiment est commandé par un colonel, et se compose de 3 bataillons de 8 compagnies dont 2 d'élite (une de grenadiers ou carabiniers et une de voltigeurs ou chasseurs). De ces 3 bataillons, deux sont appelés bataillons de guerre et destinés à faire campagne ; le troisième est bataillon de dépôt, et placé généralement à la frontière.

Napoléon apportait à l'organisation des dépôts un soin extrême ; il voulait y faire arriver les conscrits un an d'avance pour que, pendant cette année, instruits, disciplinés, habitués aux fatigues, ils devinssent capables de remplacer les vieux soldats que le temps ou la guerre emportaient.

§ 3. — CAVALERIE.

Bonaparte envisageant d'une façon nouvelle où tout s'amplifie, théâtres d'opération comme moyens mis en œuvre, a besoin d'une nombreuse cavalerie pour l'accomplissement de ses desseins.

« En 1800, elle comprend 83 régiments à 3 et 4 escadrons, plus 2 escadrons qui entrent dans la composition de la garde consulaire. Mais les effectifs sont extrêmement réduits à la suite des désordres financiers du Directoire. Le total n'atteint pas 50,000 hommes » (1).

En 1801, quatre régiments de cavalerie de ligne re-

---

(1) *La Cavalerie de 1800 à 1815.*

çoivent à titre d'essai la cuirasse, qui avait été en usage avant la Révolution, mais avait à peu près complètement disparu, puisqu'en 1792 un seul régiment la portait encore avec le chapeau galonné.

En 1803, la cavalerie est réorganisée sur de nouvelles bases qui seront conservées jusqu'en 1815. L'existence du corps des cuirassiers est définitivement consacrée. Elle comprend :

1° Grosse cavalerie :

2 régiments de carabiniers munis de la cuirasse et du casque de cuivre. C'étaient des cuirassiers ne différant des autres que par leur plus grande taille et celle de leurs chevaux.

12 régiments de cuirassiers ;

2° Cavalerie de ligne : dragons ;

3° Cavalerie légère : chasseurs et hussards.

Tous ces régiments sont à 4 escadrons de 2 compagnies et comptent ainsi un peu plus de 800 hommes ;

4° Une compagnie de guides-interprètes, destinée à l'armée de descente en Angleterre ;

5° La cavalerie de la garde consulaire considérablement augmentée et portée à :

1 régiment de grenadiers à cheval.
1 régiment de chasseurs à cheval.
1 escadron de mamelucks.
Des escadrons de gendarmerie d'élite formant une légion.

§ 4. — ARTILLERIE.

Bonaparte accrut l'émulation dans les corps de l'artillerie et du génie, et diminua la rivalité nuisible qui existait entre eux en réunissant les deux Écoles d'application de ces armes en un seul et même établissement.

En 1804 l'artillerie comprenait :

8 régiments à pied à 20 compagnies.

6 régiments à cheval à 6 compagnies.

2 compagnies de la garde des consuls.

2 bataillons de pontonniers à 8 compagnies.

8 bataillons du train à 5 compagnies. C'était une création et qui avait la plus grande importance. « Auparavant, les voitures étaient traînées par des charretiers aux gages d'entrepreneurs ; ils n'étaient pas retenus par le sentiment de l'honneur comme les autres soldats, et au premier danger coupaient les traits de leurs chevaux et s'enfuyaient laissant leur matériel aux mains de l'ennemi. Encouragé par l'essai qu'il avait fait en Égypte d'employer à ce service important des soldats de la ligne, pensant que les conducteurs rendent autant de services que les canonniers, Bonaparte avait converti les charretiers d'artillerie en soldats faisant partie des régiments de cette arme » (1).

15 compagnies d'ouvriers.

§ 5. — COMBINAISON DES DIFFÉRENTES ARMES.

Se reporter à ce sujet à la troisième partie.

§ 6. — CAMPAGNE DE 1800.

« La première classe de la conscription de 1798, fut mise en activité sans exemption de rang ni de fortune. Indépendamment de cette ressource qui mettait à la disposition du premier consul plus de 120,000 hommes, tous les individus congédiés ou réformés depuis 8 ans furent appelés devant

---

(1) Thiers, *Consulat et Empire*.

des conseils de revision, chargés de soumettre à un nouvel examen les congés et la réforme accordés. Cette mesure donna plus de 30,000 hommes déjà exercés, la plupart, aux travaux et aux fatigues de la guerre. Les militaires admis à la retraite ou à la vétérance furent excités à reprendre du service par l'appât de l'avancement ou d'autres récompenses » (1).

L'artillerie et la cavalerie avaient besoin de chevaux. Le premier consul, n'ayant ni le temps ni les moyens d'exécuter des achats, ordonna une levée forcée et extraordinaire du trentième cheval.

C'était une dure mais inévitable nécessité. Les armées devaient se pourvoir d'abord autour d'elles, puis de proche en proche dans les provinces environnantes. Cela permit à Bonaparte de combler les vides qui existaient dans la cavalerie et de porter tous les régiments à 5 escadrons de 172 hommes, ce qui élevait la force de l'ensemble à plus de 70,000 hommes. Les régiments devaient d'ailleurs être ramenés, après la paix de Lunéville, à leur chiffre primitif.

---

(1) *Cours d'art et d'histoire militaires*, Saint-Cyr, 2e division, 1880-81.

CHAPITRE III.

EMPIRE.

§ 1er. — GARDE IMPÉRIALE.

Quoique Napoléon ne fût point, en théorie, partisan des corps d'élite et regardât cette création comme « un sacrifice fait à la majesté de son vaste Empire, et aux intérêts de ses vieux soldats » (lettre à Joseph du 22 avril 1808), il en accrut continuellement l'effectif ; parti d'environ 10,000 hommes en 1804, il atteignit à un moment donné près de 100,000 hommes.

Elle servait à la fois de moyen d'émulation et de moyen de récompense pour les soldats qui se distinguaient, car ils n'y étaient admis qu'après avoir fait leurs preuves ; ainsi, en 1805, il fallait pour y entrer avoir 12 ans de services, campagnes comprises, une constitution forte et un moral à toute épreuve. — « Elle ne quittait guère le quartier général et marchait presque toujours à côté de l'Empereur avec Lannes et les grenadiers d'Oudinot, non pour veiller sur sa personne, mais pour obéir plus rapidement à sa pensée » (1).

Elle se divisait en vieille et jeune garde. « La vieille

____

(1) Thiers, *Consulat et Empire.*

garde était le corps d'élite par excellence, auquel nulle autre troupe dans le monde n'était comparable » (1).

Comme elle avait l'inconvénient d'être d'un entretien dispendieux et d'appauvrir l'armée en sujets de choix, Napoléon, créa en 1806, un nouveau régiment d'infanterie, les fusiliers de la garde, « dont tous les soldats seraient choisis dans le contingent annuel, dont les officiers et sous-officiers seraient pris dans la garde, qui porterait l'uniforme de celle-ci, servirait avec elle, mais serait traité en jeune troupe, c'est-à-dire moins ménagé au feu. Il aurait une très légère augmentation de solde, et aurait bientôt toutes les qualités de la garde elle-même, sans coûter autant et sans priver l'armée de ses meilleurs soldats » (2). — L'Empereur trouvait ainsi le moyen de rajeunir et de renforcer à la fois cette troupe d'élite.

« En 1811, la jeune garde fut augmentée d'un régiment de Pupilles, jeunes soldats de 14 à 18 ans, orphelins ou enfants de troupe ; il eut jusqu'à 8,000 hommes » (3).

La garde impériale souffrit cruellement en Russie. Cependant, en 1813, elle avait encore des cadres assez nombreux en Allemagne, en France et en Espagne. Napoléon, résolut de se servir de ces divers éléments pour la reconstituer.

« En conséquence, il fit demander à tous les corps qui n'avaient point souffert du désastre de Moscou, et particulièrement à ceux d'Espagne, un certain nombre d'anciens soldats pour compléter la vieille

---

(1-3) *Cours d'art et d'histoire militaires*, Saint-Cyr, 2e division, 1880-81.
(2) Thiers, *Consulat et Empire*.

garde. Il prit dans la conscription des quatre dernières classes, des hommes jeunes et forts pour reconstituer la jeune garde. Il augmenta également la réserve d'artillerie de la garde dont il se servait toujours si utilement dans les grandes journées, et lui donna près de 300 bouches à feu; l'artillerie de marine lui procura pour cette dernière organisation des sujets excellents. La garde devait ainsi présenter 40,000 combattants » (1).

En avril 1814, il y avait 35 régiments de jeune et vieille garde.

« Après l'abdication de Napoléon, une partie de la garde impériale fut conservée par Louis XVIII comme corps d'élite. La jeune garde fut versée dans les troupes de ligne. »

« Au retour de l'Ile d'Elbe, Napoléon reconstitua une nouvelle garde impériale » (2) se composant d'environ 20,000 hommes. Elle devait s'illustrer à Waterloo.

§ 2. — INFANTERIE.

Le nombre des régiments va en s'accroissant sans cesse. Ils varient de 2 à 6 bataillons, les bataillons de 4 à 8 compagnies, et les compagnies de 120 à 160 hommes.

En 1808, l'infanterie compte 169 régiments ayant chacun près de 4,000 hommes. Le régiment comprend :

4 bataillons de guerre de 6 compagnies, dont 4 de fusiliers, 1 de grenadiers et 1 de voltigeurs formant 2 compagnies d'élite. La création des compagnies de

____

(1) Thiers, *Consulat et Empire.*
(2) Dussieux, *L'Armée en France.*

voltigeurs, à laquelle nous avons déjà assisté, reposait sur ce fait, qu'auparavant les régiments de ligne n'ayant comme troupes d'élite que leurs compagnies de grenadiers, les hommes de petite taille ne pouvaient devenir soldats d'élite. Grenadiers et voltigeurs pouvaient au besoin être détachés. Ainsi, au camp de Boulogne, Napoléon composa avec l'ensemble des grenadiers un corps de 8,000 hommes comprenant 10 bataillons; il resta ainsi organisé pendant les campagnes de 1805 à 1809 et constitua une admirable infanterie, qui d'ailleurs se rendit célèbre sous les ordres du général Oudinot.

1 bataillon de dépôt à 4 compagnies, les compagnies d'élite ne devant se former qu'en cas de guerre.

Les compagnies étaient de 140 hommes: Le colonel et quatre chefs de bataillon commandaient les bataillons de guerre et le major restait au dépôt.

S'il y avait plus de bataillons et moins de compagnies par bataillon que dans les organisations antérieures, c'était pour donner plus d'importance au grade de capitaine et multiplier celui de chef de bataillon; cet échelon est en effet le premier où la carrière soit réellement ouverte et duquel on puisse attendre dans l'activité et la retraite une existence supportable.

Cette dernière organisation prévalut pendant toute la durée du règne de Napoléon. Si l'on s'en écarta parfois, ce ne fut que par exception et pour y revenir ensuite. Par exemple, dans les années qui suivirent, quelques régiments furent portés à 6 bataillons; d'autres même furent dédoublés et formèrent des régiments *bis*, ce fait se produisit surtout dans les armées d'Espagne.

« C'est à 1808 environ que remonte l'origine d'une idée dont Napoléon fut sans cesse préoccupé depuis en fait d'organisation militaire; elle n'était pas absolument bonne en elle-même, mais pour lui seul elle aurait pu avoir des avantages. C'était de convertir les régiments français en légions à peu près semblables aux légions romaines. »

« Le soin constant des dépôts avait été la secrète cause de ses succès autant que son génie des combats. Or, il voulait prévenir la désorganisation pouvant naître de la dislocation des régiments qui ayant par exemple leur dépôt sur le Rhin, avaient quelquefois des bataillons en Pologne, en Allemagne, en Espagne, en Portugal. Tout cela exigeait une attention difficile et singulièrement fatigante, même pour le plus infatigable de tous les génies. Napoléon imagina donc 60 légions, composées chacune de 8 bataillons de guerre, commandées par un général de brigade, deux colonels et un major, pouvant fournir des bataillons de guerre en Pologne, en Italie, en Espagne, et ayant un seul dépôt auquel se rapporteraient tous les détachements qu'on en aurait tirés. C'était dénaturer le régiment. »

« Cette conception lui tenait tellement à cœur qu'il ne cessa depuis d'y songer pendant son règne et même dans l'exil. »

« C'est sur les représentations qu'on lui fit qu'il adopta comme un moyen terme l'organisation de 1808 pour l'infanterie. Dans cette formation qui excédait déjà les proportions naturelles du régiment et qui était amenée par la situation de Napoléon et de la France, un même régiment ayant son dépôt sur le Rhin pouvait, par exemple, avoir 2 bataillons de guerre à la grande armée, 1 sur les côtes de Normandie et 1 en Espagne. De la sorte, chaque corps pouvait prendre part à tous les genres de guerre à la fois. »

« Mais cette composition de régiment qui offrait peut-être quelques avantages pour Napoléon et pour l'empire tel qu'il était devenu, est une preuve singulière de l'influence qu'une politique extrême exerçait déjà sur l'organisation militaire. Tandis que l'extension de ses entreprises allait affaiblir les armées de Napoléon en les dispersant, elle allait affaiblir aussi le régiment lui-même en l'étendant outre mesure et diminuant l'énergie de l'esprit de famille » (1).

« En 1811, 1812, 1813, le nombre des régiments s'accrut considérablement, mais au détriment de la bonne organisation intérieure et de l'esprit de corps » (2).

En 1813, on arriva jusqu'à 243 régiments par l'appel à l'activité d'une fraction de la garde nationale.

En effet, les campagnes, et particulièrement le grand désastre de 1812, avaient ruiné nos armées, et il fallait en reconstituer une avec les ressources restant à la France seule. Napoléon, pour avoir des soldats, dut recourir aux ressources que lui offrait la garde nationale, bien qu'elle ne fût composée que des hommes qui avaient échappé à la conscription. Il décida par un décret qu'elle serait divisée en 3 bans, et que le premier, formé des hommes de 22 à 26 ans, serait organisé pour le service actif, mis à la disposition du ministre de la guerre et enrégimenté sous le nom de cohortes. C'était enlever à une foule de familles leur dernier espoir et leur unique soutien ; mais le caractère de la lutte ne comportait plus aucun ménagement ; être ou ne pas être : telle était devenue la question.

Les cohortes réunies entre elles constituèrent des régiments *bis* provisoires qui firent la campagne de 1813 ; ce furent les soldats de Dresde, de Lutzen, de Bautzen, ceux qui soutinrent la lutte acharnée de Leipzig. La garde nationale devint désormais, plus que jamais, l'armée de l'intérieur au sein de laquelle l'armée régulière puisait à chaque instant.

« A ces 243 régiments, il faut ajouter 25 régiments

---

(1) Thiers, *Consulat et Empire*.
(2) *Cours d'art et d'histoire militaires*, Saint-Cyr, 2ᵉ division, 1880-81.

étrangers portant le nom du pays auquel ils appartenaient » (1).

En avril 1814, l'infanterie comprenait :

135 régiments de ligne,

35 régiments légers.

En mai 1814, elle ne compte plus que :

90 régiments de ligne,

15 régiments légers.

§ 3. — CAVALERIE.

La force des compagnies composant toujours les escadrons fut très irrégulière ; elle varia avec les ressources en chevaux.

« Il faut dire que Napoléon faisait volontiers suivre les escadrons au complet de guerre de cavaliers démontés qu'il destinait à remplir les vides aussitôt qu'ils se produisaient, ou à être montés, grâce aux prises faites sur l'ennemi et aux chevaux trouvés sur place. C'est ainsi qu'en 1806, après son entrée à Berlin, il fit monter quelques milliers de dragons à pied au moyen des chevaux enlevés aux Prussiens à Prentzlow. C'est principalement dans les dragons que ces hommes à pied étaient nombreux ; il y en avait normalement 46 par compagnie » (2).

De même que pour l'infanterie, Napoléon créa parfois, pour la guerre d'Espagne en particulier, des formations provisoires obtenues à l'aide de dédoublements, et que, par la suite, on conserva souvent à titre définitif.

En 1805, Napoléon crée le corps des vélites à cheval, « formé de 8 compagnies groupées sous les ordres de 2 chefs d'esca-

---

(1) *Cours d'art et d'histoire militaires*, Saint-Cyr, 2ᵉ division, 1880-81.

(2) *La Cavalerie de 1800 à 1815.*

drons. Les vélites devaient être des sujets de choix fournis à raison de 6 par département et possédant un revenu de 300 francs. C'était de la part de Napoléon un acte politique, destiné à attirer à son service une certaine catégorie de jeunes gens appartenant à la bourgeoisie instruite et libérale. C'était aussi un acte de prévoyance militaire ; il voulait, avant d'entreprendre une guerre où la garde supporterait certainement beaucoup de pertes, préparer déjà son renouvellement futur » (1).

Il l'incorpore dans la garde.

En 1807, pendant son séjour en Pologne, Napoléon utilise les éléments volontaires que la haine de la Russie fait accourir autour de lui, et en forme un régiment de lanciers polonais, qu'il incorpore également dans la garde.

La cavalerie comprend alors :

1° cavalerie de la garde :

 1 régiment de grenadiers à cheval,
 1 régiment de dragons créé en 1803,
 1 régiment de chasseurs à cheval,
 La légion de gendarmerie d'élite,
 Un escadron de mamelucks,
 8 compagnies de vélites à cheval,
 1 régiment de lanciers polonais.

2° grosse cavalerie :

 2 régiments de carabiniers,
 12 régiments de cuirassiers.

3° cavalerie de ligne :

 30 régiments de dragons.

4° cavalerie légère :

 24 régiments de chasseurs à cheval,

---

(1) *La Cavalerie de 1800 à 1815.*

10 régiments de hussards.

Les régiments sont à 1000 hommes.

« Au commencement de 1808 des régiments provisoires sont formés pour l'armée d'Espagne au moyen de compagnies détachées. »

« L'immense étendue de l'empire dont beaucoup de points doivent être surveillés de près, la nécessité de conserver des forces disponibles pour n'être pas surpris par une nouvelle coalition, obligent l'Empereur à recourir à ces formations du moment qui ne sont pas sans affaiblir le reste de l'armée, et dont le manque de cohésion contribuera à amener les résultats néfastes de l'expédition. Aussi Napoléon s'occupe-t-il de remédier à cet inconvénient, et de régulariser au plus vite les créations nouvelles ».

« Dans l'armée de 250,000 hommes qu'il constitua bientôt en Espagne, l'effectif en cavalerie monte à 35,000 hommes environ; c'était près de la moitié du chiffre de toute la cavalerie française. Napoléon avait envoyé dans la péninsule presque tous les régiments de dragons et un certain nombre de régiments de cavalerie légère; la mesure était dictée par la nature du terrain qui rendait l'exploration fort difficile et donnait une grande importance au combat à pied. »

« Le reste de la cavalerie légère est réparti sur les nombreux points de l'Europe que la France doit occuper pour y maintenir son influence, en Italie, en Hollande, dans l'Allemagne du Sud où les corps de la grande armée, non envoyés en Espagne, constituent l'armée dite du Rhin, qui va marcher contre l'Autriche en 1809; c'est là que sont tous les carabiniers et cuirassiers à l'exception de quelques escadrons envoyés en Espagne pour former 2 régiments provisoires de grosse cavalerie (plus tard 13e cuirassiers). On trouve encore une demi-douzaine de régiments de dragons en Italie ou dans l'intérieur de l'Empire » (1).

------

(1) *La Cavalerie de 1800 à 1815.*

« En 1810, Napoléon fait un remaniement général des effectifs. Tous les régiments, à l'exception du 13e cuirassiers qui conserve 5 escadrons, eurent uniformément la composition suivante : 4 escadrons de la force de 240 hommes et 200 chevaux » (1).

Dès lors, le 13e cuirassiers, que la suppression opérée dans les autres régiments de cuirassiers avait augmenté au delà de la proportion ordinaire, fut regardé comme une sorte de grand dépôt de toute l'arme.

« En 1811, des difficultés ont surgi, qui font entrevoir la possibilité d'une guerre avec la Russie. Napoléon, qui avait déjà pu s'apercevoir en Pologne de l'utilité de la lance, résolut de la mettre à profit dans la prochaine guerre. Il créa 9 régiments de chevau-légers-lanciers. »

« Six d'entre eux furent formés avec des régiments de dragons pris à l'armée d'Espagne » (2), quoique la cavalerie y eût été très éprouvée, ses effectifs ayant fondu très rapidement. Les lanciers polonais que Napoléon entretenait à son service et que l'attaque récente du défilé de Somo-Sierra avait couverts de gloire, servirent de type à cette création. Napoléon fit venir de Pologne des instructeurs formés dans leur pays au maniement de la lance, et il en fit la répartition entre les nouveaux régiments.

« A la fin de la retraite de Russie, notre cavalerie était presque absolument anéantie, non seulement dans ce qui avait existé, mais même dans les éléments qui auraient pu servir à sa réorganisation La reconstitution qu'il allait être impossible de faire d'une façon complète était cependant une grosse question, à cause de la prodigieuse quantité de troupes à cheval dont l'ennemi

---

(1-2) *La Cavalerie de 1800 à 1815.*

disposait. Napoléon dut ainsi créer, pour ainsi dire, de toutes pièces, la cavalerie malheureusement trop peu nombreuse des campagnes de 1813 et 1814, en faisant des emprunts aux corps d'Espagne, malgré leur extrême affaiblissement (il n'y resta bientôt plus que des escadrons détachés, groupés en régiments provisoires), en utilisant tout ce que les dépôts de l'intérieur pouvaient lui fournir, et en amalgamant tous ces éléments avec une habileté extrême » (1).

« En 1813, Napoléon crée 4 régiments de gardes d'honneur. Les classes élevées échappaient à la conscription par le remplacement qu'elles payaient à des prix excessifs depuis que la guerre était devenue horriblement sanguinaire. Elles n'avaient également contribué aux dons volontaires que par leur fortune. La levée en Prusse de la jeune noblesse lui fournit un argument pour attirer à lui 10,000 beaux cavaliers distingués par la naissance, la fortune, et très probablement par la valeur » (2). Au lieu de médire du régime impérial, ils apprendraient au contraire à le servir, en partageant les travaux et la gloire des générations nouvelles. Les préfets furent munis de pouvoirs spéciaux pour arracher la jeune noblesse à l'oisiveté de ses châteaux, en employant au besoin la violence, si les raisons meilleures puisées dans les traditions militaires des familles ne suffisaient pas. Les hommes composant ces « 4 régiments destinés à servir à côté de lui et à porter un brillant uniforme devaient avoir de leurs parents 1000 francs au moins de revenus, et auraient le grade de sous-lieutenant quand ils passeraient dans d'autres corps » (3).

La première Restauration réduisit la cavalerie à 57 régiments :

2 régiments de carabiniers formant brigade et dits carabiniers de Monsieur.

12 régiments de cuirassiers.

Dragons, lanciers, chasseurs, hussards.

(1-2-3) *La Cavalerie de 1800 à 1815.*

« Tous ces régiments étaient à 4 escadrons de 2 compagnies ; on avait aussi maintenu les cadres, en officiers seulement, d'un cinquième escadron. »

« Les troupes à cheval de la vieille garde, qui, jusqu'au dernier jour avaient gardé leur organisation, mais dont il ne restait que d'héroïques débris, furent amalgamées en 4 régiments dénommés :

Corps royal des cuirassiers de France.

Corps royal des dragons de France.

Corps royal des chasseurs à cheval de France.

Corps royal des chevau-légers-lanciers de France.

Ces corps royaux avaient à peu près la même composition que les autres régiments » (1).

En 1815, grâce aux ressources que la Restauration lui avait laissées, grâce à celles qu'il sut créer par un nouvel effort de son activité prodigieuse, Napoléon put former une masse de 25,000 cavaliers, chaque régiment ayant porté 3 escadrons à un effectif suffisant pour être dirigés sur la frontière.

§ 4. — ARTILLERIE.

L'Empereur augmente sans cesse ses forces en artillerie ; l'augmentation devint énorme à partir de 1809, c'est-à-dire à partir du moment où la grande armée se composa en majeure partie de conscrits, et compta plus d'hommes que de soldats ; et l'artillerie arriva à compter jusqu'à 80,000 hommes.

Les canons de bataillon, rétablis deux fois en 1809 et

---

(1) *La Cavalerie de 1800 à 1815.*

1813, furent supprimés chaque fois après une année de service.

En 1813, elle comprenait en dehors de l'artillerie à pied et à cheval de la garde :

9 régiments à pied à 26 compagnies.

7 régiments à cheval à 6 compagnies : L'artillerie à cheval avait repris sa destination naturelle; attachée aux divisions de cavalerie, elle les protégeait contre les feux de l'ennemi et préparait le succès de leurs charges.

14 bataillons du train.

Ouvriers d'artillerie.

3 bataillons de pontonniers.

178 compagnies de canonniers gardes-côtes.

Nos batteries actuelles de pièces n'existaient pas encore. L'unité tactique était toujours la compagnie servant une division de 8 pièces.

§ 5. — GÉNIE.

L'époque impériale n'est pas aux guerres de siège.

En 1813, il comprend :

2 bataillons de mineurs.

8 bataillons de sapeurs.

1 bataillon du train.

En 1814, pour la première fois les sapeurs et les mineurs furent réunis en régiments. Les Cent jours n'apportèrent pas de changement à cette organisation.

§ 6. — COMBINAISON DES DIFFÉRENTES ARMES.

Se reporter à ce sujet à la troisième partie.

§ 7. — CAMPAGNES.

1° Campagne de 1805.

L'Empereur n'ayant pas à tenir compte des nécessités d'une situation critique est dans les meilleures conditions pour donner une constitution absolument conforme à ses vues à l'armée qui allait, à tous égards, mériter le nom de « grande ».

Dans le but de faire la guerre à l'Angleterre, le premier consul avait établi 7 camps en 1803, sur les côtes de la Manche et de l'Océan. Les troupes qui formaient ces camps composaient « l'armée des côtes » qui prit en 1805, le nom de « grande armée ». Elle comprenait :

I. Sept corps d'armée numérotés de 1 à 7 et dont on verra la composition à la troisième partie :

1° Corps sous Bernadotte occupe le Hanovre ;

2° Corps sous Marmont est en Hollande à Wesel ;

3° Corps sous Davout est à Boulogne ;

4° Corps sous Soult est à Boulogne ;

5° Corps sous Lannes est à Boulogne ;

6° Corps sous Ney est à Boulogne ;

7° Corps sous Augereau est en Bretagne où il devait s'embarquer pour l'expédition d'Angleterre sur la flotte de Brest. Il restera séparé du reste de l'armée sans être tout à fait indépendant ;

II. Un état-major général. Napoléon commandait en chef ; Berthier était major général ;

III. La garde impériale sous Mortier et Bessières ;

IV. La réserve de cavalerie sous Murat. Ébauchée dès la campagne de Marengo, son organisation a reçu maintenant son entier développement. Elle est composée de :

1° Grosse cavalerie : 2 divisions (Nansouty-d'Hautpoul) destinées seules à former une réserve de bataille ;

2º Dragons comprenant :

    1° **4 divisions** formant de préférence l'avant-garde de toute l'armée et faisant partie des gros détachements ;

    2° **1 division de dragons à pied** (Baraguey d'Hilliers) armés de fusils à baïonnette et devant pouvoir gagner rapidement un point donné, pour le défendre ensuite contre l'infanterie.

« Cette division, au camp de Boulogne, devait être embarquée sans chevaux pour l'expédition d'Angleterre et y servir à pied jusqu'à ce que l'on pût la monter dans le pays. Ce n'étaient plus des régiments de cavalerie ; ils n'étaient exercés qu'aux manœuvres de l'infanterie. Ils feront la campagne de 1806 à pied jusqu'après la bataille d'Iéna ; on les montera alors sur des chevaux de prise de la cavalerie prussienne, les trois quarts hors de service ; ces circonstances réunies leur nuiront, mais en 1813 et 1814, toutes les divisions de dragons rivaliseront avantageusement avec les cuirassiers » (1).

3º **Cavalerie légère : 1 division.** Elle devait éclairer la réserve de cavalerie et lui servir d'avant-garde.

Ces divisions de cavalerie varient de 4 à 6 régiments. Elles sont toutes munies d'artillerie, à l'exception de la division de cavalerie légère.

Napoléon avait ainsi voulu réunir la masse principale de sa cavalerie dans une dépendance immédiate de sa volonté et sous un même chef, Murat, qui était l'officier de cavalerie le plus entraînant de cette époque, et qui, sous ses ordres, représentait le « magister equitum » des armées romaines. « Comme c'est avec la cavalerie qu'on observe l'ennemi en courant sans cesse autour de lui, qu'on achève sa défaite quand il est ébranlé, qu'on le poursuit et l'enveloppe quand il est en fuite, Napoléon avait voulu se réserver exclusivement ce moyen de préparer la victoire, de la déci-

---

(1) *Commentaires de Napoléon Ier, imprimerie nationale* 1867.

der, et d'en recueillir les fruits..... Suivie d'artillerie volante, cette cavalerie avait, outre la puissance des sabres, celle des feux. On la verra bientôt se répandre dans la vallée du Danube, culbuter les Autrichiens et les Russes, entrer pêle-mêle avec eux dans Vienne; puis, se reportant dans les plaines de la Saxe et de la Prusse, poursuivre jusqu'aux bords de la Baltique, enlever tout entière l'armée prussienne, ou, se précipitant à Eylau sur l'infanterie russe, sauver la fortune de Napoléon par l'un des chocs les plus impétueux que jamais les masses armées aient donnés ou reçus » (1).

« Cette organisation de la réserve de cavalerie se maintiendra dans toutes les campagnes de l'Empire; elle prendra seulement de plus grandes proportions à mesure que l'effectif de nos armées s'accroîtra et que le nombre des corps d'armée augmentera. »

« Bientôt il ne sera plus possible de maintenir la réserve de cavalerie sous un seul commandement, et elle se subdivisera en corps de cavalerie de réserve, placés sous des chefs directs, mais obéissant à la direction générale du commandant de la réserve générale de l'armée » (2).

V. Le grand parc général commandé par un général;

VI. La réserve d'artillerie sous les ordres du général en chef de l'artillerie.

La grande armée, ainsi organisée, comprenait 150,000 fantassins, 40,000 cavaliers et 340 bouches à feu.

---

(1) Thiers, *Consulat et Empire*.
(2) D'Audlau, *De la Cavalerie dans le passé et dans l'avenir*.

La proportion de cavalerie est donc d'environ 20 p. 100 et celle des bouches à feu de 2 pièces par 1000 hommes.

Elle était tout entière dans la main de Napoléon : « Chaque corps n'étant complet qu'en infanterie, n'ayant en artillerie que le nécessaire et en cavalerie tout juste ce qu'il lui fallait pour se bien garder, l'Empereur se réservait de les compléter ensuite en artillerie et en cavalerie à l'aide des réserves de ces deux armes, dont il disposait seul. Suivant le terrain et les circonstances, il retirait à l'un pour le donner à l'autre ou un renfort de bouches à feu ou une masse de cavalerie » (1). Abstraction faite du corps d'Augereau, la grande armée ne comprenait en somme que 8 unités : 6 corps et 2 réserves.

Il faut ajouter à ces forces 25,000 Bavarois que nous allions trouver pour auxiliaires à Wurtzbourg, et des Wurtembergeois et Badois dont notre arrivée rapide au delà du Rhin allait nous amener le concours.

Nous avions encore en Italie 48,000 hommes, formant 6 divisions d'infanterie et 3 de cavalerie. L'Empereur, auquel les projets d'offensive et la supériorité numérique des Autrichiens de ce côté n'avaient pas échappé, y confia le commandement à celui de ses lieutenants sur les talents duquel il comptait le plus : le maréchal Masséna.

Gouvion-Saint-Cyr occupait le royaume de Naples, formant la droite de l'armée d'Italie.

Enfin, une division italienne et 6 bataillons de l'armée des côtes furent laissés au camp de Boulogne pour la garde des ports et de la flottille réunie dans le bassin intérieur de la Liane. Des soldats de la marine, organisés en bataillons, des détachements de la garde nationale réorganisée sur de nouvelles bases, vinrent s'ajouter à ces forces dont l'effectif s'éleva à 30,000 hommes, sous le commandement du maréchal Brune.

---

(1) Thiers, *Consulat et Empire*.

Le Sénat décréta la levée de 80,000 conscrits pour compenser les pertes; les anciens officiers ou sous-officiers retraités furent autorisés à reprendre du service pour participer à leur instruction. C'est ainsi qu'on put constituer assez rapidement deux corps de réserve à Strasbourg et à Mayence, sous Kellermann et Lefebvre.

2° Campagne de 1806-1807.

La répartition de la grande armée de 1805 est conservée sans grands changements. Elle comprend toujours 7 corps, mais le 2° corps, sous Marmont, opérant en Dalmatie, il n'y en a que 6 de concentrés sous Bernadotte, Davout, Lannes, Ney et Augereau. Chacun d'eux garde une brigade ou une division de cavalerie légère pour s'éclairer.

La garde est commandée par Bessières.

La réserve de cavalerie, sous Murat, comprend les mêmes divisions qu'en 1805, mais les régiments ont eu leurs effectifs renforcés. Comme nous l'avons déjà fait remarquer, la répartition de la cavalerie dans l'ensemble de l'armée n'avait rien d'immuable. Ainsi, dans le cours des opérations, Napoléon la modifia en renforçant la cavalerie de corps d'armée qui avaient à opérer dans une direction où le large rideau de la cavalerie de réserve ne les couvrait pas. De même, il scinda la réserve de cavalerie en deux. En étudiant en détail la façon dont l'Empereur constituait ou disloquait ces masses au moment voulu, on voit combien l'organisation était l'un des points sur lesquels son génie brillait le plus.

Un 8° corps, sous les ordres de Mortier, s'organise à Mayence.

A ces forces il faut ajouter les contingents bavarois, réunis en partie à Braunau, en partie à Bayreuth.

Le roi Louis est à Wesel. Brune est, comme l'année précédente, chargé de garder la flottille de Boulogne en y employant les marins et quelques bataillons de dépôt.

A la fin de la campagne de Prusse, Napoléon résolut de tirer des dépôts les renforts nécessaires à la grande armée, et de remplir avec la conscription le vide qu'il allait y produire. « Se préoccupant surtout des distances auxquelles la guerre allait être portée, il imagina un système profondément conçu pour amener les conscrits du Rhin sur la Vistule, de manière qu'ils ne courussent aucun danger pendant la longueur du trajet, qu'ils ne se dispersassent pas en route, et que, chemin faisant, ils pussent rendre des services sur les derrières de l'armée. Ces détachements, extraits de chaque bataillon de dépôt, devaient être organisés en régiments provisoires. On devait leur donner momentanément pour la route des officiers pris dans les dépôts, et les organiser comme s'ils avaient dû former des régiments définitifs. Partant avec cette organisation et leur équipement complet, ils avaient ordre de s'arrêter dans les places qui étaient sur notre ligne d'opérations : Erfürth, Halle, Magdebourg, Wittemberg, Spandau, Custrin, Francfort-sur-l'Oder, de s'y reposer s'ils en avaient besoin, d'y tenir garnison s'il le fallait pour la sûreté de nos derrières, et, dès qu'ils feraient une halte, de se livrer aux exercices militaires pour ne pas négliger l'instruction des hommes pendant un trajet de plusieurs mois » (1).

____

(1) Thiers, *Consulat et Empire*.

Cette instruction dut bientôt se borner à la formation et au déploiement de la colonne double et à la formation des carrés, deux ordres de combat que l'Empereur recommandait spécialement et qui, disait-il, devaient suffire dans les moments pressés.

« Ces détachements couvraient ainsi les derrières de l'armée, dispensaient de l'affaiblir par un trop grand nombre de garnisons laissées en arrière, et augmentaient en quelque sorte son effectif avant d'avoir pu la rejoindre. Arrivés sur le théâtre de la guerre, ils devaient être dissous par l'envoi de chaque détachement à son corps, et les officiers devaient retourner en poste à leurs dépôts afin d'aller chercher d'autres recrues. »

« Même organisation fut appliquée à la cavalerie avec quelques précautions particulières commandées par la nature de cette arme ».

« Dans toutes les places converties en grands dépôts, Wurtzbourg, Erfurth, Wittemberg, Spandau, des ordres étaient donnés pour y réunir au moyen des ressources que présentait le pays, des effets d'habillement, des souliers, des armes et des vivres en abondance. Il était prescrit aux commandants de ces places d'inspecter tout régiment provisoire qui passait, de pourvoir d'armes et de vêtements les hommes qui en manquaient, et de retenir ceux qui avaient besoin de repos. Les corps passant plus tard devaient recueillir les hommes laissés en route par ceux qui les avaient précédés, et, trouvant à prendre autant d'hommes et de chevaux qu'ils en disposaient, ils étaient toujours assurés d'arriver complets sur le théâtre de la guerre » (1).

____

(1) Thiers, *Consulat et Empire*.

« En passant des plaines de la Prusse dans celles de la Pologne, Napoléon éprouve un grand besoin de cavalerie et fait venir de France et d'Italie de nouveaux régiments de cette arme. »

« C'est surtout de l'Italie que Napoléon tire ses principaux renforts de cavalerie, car nulle part elle n'était moins utile » (1) que dans ce pays coupé ou montagneux ; ceux-là arrivent tout constitués et avec leurs chevaux. Ceux qui venaient de France devaient y laisser leurs chevaux, et être munis à leur arrivée de ceux qu'on avait recueillis en Allemagne ; dans ce but, « Napoléon crée sous le canon de Spandau un immense établissement pour l'entretien de sa cavalerie ; il y réunit tous les chevaux enlevés à l'ennemi, plus une grande quantité d'autres achetés dans les diverses provinces de la Prusse » (2).

C'est ainsi qu'il augmente la réserve de cavalerie d'une nouvelle division de cuirassiers : la division d'Espagne venue d'Italie.

En 1807, « Napoléon qui avait été frappé au milieu des boues de Pultusk et de Golymin, du peu de zèle des voituriers enrôlés par l'industrie privée et de leur peu de courage dans les périls, voulut organiser militairement les conducteurs des bagages, de même qu'il avait organisé militairement, en 1800, les conducteurs de l'artillerie.... Il ordonna donc de former successivement à Paris des bataillons du train chargés de la conduite des équipages, de construire des caissons, d'acheter des chevaux de trait, et quand on aurait organisé le personnel et le matériel de ces bataillons, de les acheminer vers la Vistule, où il était alors dans ses quartiers d'hiver. Au lieu de venir à vide, ces nouveaux

---

(1-2) Thiers, *Consulat et Empire.*

équipages militaires devaient transporter les objets d'équipement fabriqués à Paris » (1).

Après la bataille d'Eylau, le corps d'Augereau, qui y avait été si maltraité fut dissous et réparti entre les autres corps d'armée.

En mars 1807, tandis que Napoléon était dans ses quartiers d'hiver, sur la Passarge, il résolut de profiter du retard causé par la rigueur de la saison pour donner à ses forces un développement immense. « Son intention était, sans trop dégarnir l'Italie ou la France d'augmenter d'un tiers au moins son armée active, et de former sur l'Elbe une armée de réserve de 100,000 hommes, afin d'être en mesure dès l'ouverture de la campagne, d'écraser les Russes et les Prussiens, et de pouvoir au besoin se retourner contre l'Autriche, si elle se décidait à prendre part à la guerre » (2). Pour cela, il joignit aux contingents étrangers réunis sur l'Elbe un fond de troupes françaises de 40,000 hommes tiré en partie de l'Italie, et créa ainsi en Allemagne, une armée de réserve de 100,000 hommes, dont il donna le commandement au maréchal Brune. Napoléon affaiblissait ainsi l'Italie; mais l'Italie, dans ce moment, avait beaucoup moins d'importance que l'Allemagne.

Il résolut aussi « d'appeler une nouvelle conscription, celle de 1808, quoiqu'on ne fût qu'en mars 1807. Il avait déjà appelé celle de 1807 en 1806, et celle de 1806 en 1805 dans l'intention de procurer aux jeunes conscrits 12 ou 15 mois d'apprentissage et de tenir ses dépôts

------

(1-2) Thiers, *Consulat et Empire.*

toujours pleins » (1). Mais après Tilsitt, il fit rentrer en France la deuxième moitié de cette conscription qui lui devenait inutile. — Cependant dès l'hiver de 1808, il demanda la conscription de 1809 : « il trouvait trop d'avantages à avoir ses dépôts toujours pleins au moyen de conscrits appelés à l'avance et instruits 12 ou 15 mois avant d'être employés, pour ne pas persévérer dans le système des conscriptions anticipées, surtout dans un moment où il voulait former sur le littoral européen des camps nombreux à côté de ses flottes » (2). Cette conscription de 1807 éleva la force de la France à un million d'hommes, en y comprenant environ 100,000 alliés.

3° Campagne de 1809.

L'Empereur est surpris par l'agression de l'Autriche. Il a en Allemagne au même moment :

1° L'armée du Rhin sous les ordres de Davout. Cantonnée sur la rive droite du fleuve, son centre sous Mayence, elle comprenait les 4 divisions d'infanterie Morand, Gudin, Friant et Saint-Hilaire, les grenadiers d'Oudinot, une division de cavalerie légère et 3 divisions de cuirassiers.

2° Un corps d'observation de 3 divisions sous les ordres de Bernadotte qui devait opérer de concert avec le Danemark contre la Suède, toujours alliée de l'Angleterre.

Ce n'était pas avec de telles forces qu'il pouvait réduire la maison d'Autriche. Voici comment il résolut de les augmenter :

1° 4 divisions étaient en marche pour se rendre en

____

(1-2) Thiers, *Consulat et Empire*.

Espagne ; elles sont rappelées au moment où elles se trouvaient à Lyon.

Elles remontent vers le Nord et sont dirigées sur Ulm, les unes par Béfort, et les autres par Strasbourg et la forêt Noire, cela en toute hâte.

2° Il fait décréter la levée de la conscription de 1810, ce qui lui fournit, comme à chaque conscription, 80,000 hommes. De plus, comme près de 400.000 jeunes gens atteignaient tous les ans l'âge du service, « il voulut porter le contingent annuel à appeler à 100,000 hommes, ce qui, en revenant en arrière, l'autorisait à demander un supplément de 20,000 hommes à chacune des classes antérieures. Il limita aux classes 1806, 1807, 1808 et 1809 cet effet rétroactif, et se procura ainsi 80,000 jeunes gens bien plus robustes que ceux qu'il levait ordinairement » (1). Cela faisait en tout 160,000 hommes.

A ce même moment, la formation des régiments à 5 bataillons précédemment décrétée, n'était pas encore chose faite complétement. « Diverses causes l'avait empêchée : 1° le nombre des conscrits qui n'était pas encore suffisant et n'allait le devenir que par l'arrivée au corps des 160,000 hommes récemment appelés ; 2° le mouvement des régiments qui se déplaçaient sans cesse.... Pour ces motifs, la plupart des régiments d'infanterie en étaient à s'occuper de la création du 4ᵉ bataillon et presque aucun n'avait formé le 5ᵉ » (2).

3° En même temps, il invite les États de la Confédération du Rhin à lui fournir leurs contingents :

Le contingent de la Bavière étant déjà sur le pied de guerre, à 3 divisions, Napoléon envoie Lefebvre à Munich pour en prendre le commandement, et fixe les points de rassemblement de ces trois divisions à Munich, Landshut et Straubing, assez en arrière de l'Inn pour qu'elles ne fussent pas sur-

---

(1-2) Thiers, *Consulat et Empire*.

prises par les Autrichiens, assez en avant du Lech et du Danube pour couvrir nos rassemblements.

Le contingent du Wurtemberg étant déjà également sur le pied de guerre, Napoléon envoie Vandamme à Stuttgard pour en prendre le commandement, et lui fait occuper la ligne Hall, Elwangen, Neresheim.

Il envoie à Dresde Bernadotte pour prendre les Saxons sous son commandement après les avoir organisés, et rejoindre ensuite avec eux le gros de l'armée sur le Danube, les Polonais couverts par le voisinage des Russes devant suffire pour garder Varsovie.

L'armée badoise se rassemble à Pforzheim.

L'armée de Hesse-Darmstadt à Mergentheim.

Napoléon exige des petits princes une division composée de leurs contingents agglomérés. Elle se réunit à Wurtzbourg.

L'Empereur constitue alors l'armée de la manière suivante :

1. L'armée d'Allemagne, car la grande armée était malheureusement en Espagne, est divisée en 3 corps :

1° Davout avec les 3 divisions d'infanterie Morand, Gudin, Friant, la division de cavalerie légère Montbrun et la division provenant des contingents des petits princes;

2° Lannes (provisoirement Oudinot) avec une division tirée de l'ancien corps d'observation de Bernadotte, la division Saint-Hilaire, les grenadiers d'Oudinot, et une division de cavalerie légère;

3° Masséna avec les 4 divisions d'infanterie primitivement destinées à l'Espagne, les Badois, les Hessois et une division de cavalerie légère;

Elle comprend en outre :

1° La garde impériale rappelée d'Espagne, forte d'environ 20,000 hommes. Elle doit arriver sous peu et constituer un corps de réserve;

2° La réserve de cavalerie sous Bessières, comprenant 3 divisions de grosse cavalerie.

En avant d'elle sont les Bavarois organisés sous Lefebvre en 3 divisions mixtes — en arrière, les Wurtembergois sous Vandamme — plus en arrière encore les Saxons sous Bernadotte.

L'effectif total de ces forces s'élevait à 220,000 hommes environ;

II. En Westphalie, le roi Jérôme est avec deux des divisions du corps d'observation que commandait Bernadotte, et 2 divisions westphaliennes, en tout 30,000 hommes;

III. En Hollande, le roi Louis est avec 20,000 Hollandais;

IV. En Dalmatie, Marmont est avec une division d'infanterie et une brigade de cavalerie légère, en tout 12,000 hommes;

V. En Italie, le prince Eugène, assisté de Macdonald, est avec 5 divisions d'infanterie et 3 divisions de cavalerie, dont une de cavalerie légère, en tout 60,000 hommes;

VI. En Pologne, est Poniatowski avec 18,000 hommes devant le corps d'armée de l'archiduc Ferdinand, qui va envahir le grand-duché de Varsovie.

On ne peut guère tenir compte d'un corps russe de 15 à 20,000 hommes qui se rassemble sur la frontière de Galicie et aurait dû être beaucoup plus considérable. La Russie devait nous prêter un concours actif, mais elle ne nous montra guère que du mauvais vouloir.

« A la suite de la bataille d'Essling, Napoléon réorganise presque complètement la grande armée. Il fortifie en partie la réserve de cavalerie aux dépens des corps d'armée qui ne conservent que le nécessaire pour les services d'ordre et de sécurité. En revanche la cavalerie de Bessières comprend, outre les 3 divisions de grosse cavalerie, les 2 divisions de cavalerie légère Lassalle et Montbrun » (1).

4° Campagne de 1812.

Napoléon commence ses préparatifs dès 1811.

Au mois de janvier, il ordonne la levée de la conscription de 1811, « mais ne s'en tient pas à cette mesure. Il veut recouvrer l'arriéré des conscriptions antérieures consistant en 60,000 réfractaires au moins qui n'avaient jamais rejoint ».

« La conscription n'était pas encore entrée dans nos mœurs comme elle y pénétra depuis, et la rigueur avec laquelle elle était appliquée alors, le triste sort des hommes appelés qui avant l'âge viril allaient périr en Allemagne plus souvent par la misère que par le feu, n'étaient pas faits pour disposer la population à s'y soumettre » (2).

« Napoléon forma 10 ou 12 colonnes mobiles composées de cavalerie et d'infanterie légères et choisies parmi les plus vieilles troupes, les plaça sous les ordres de généraux dévoués, leur adjoignit des pelotons de gendar-

______

(1) *La Cavalerie de 1800 à 1815.*
(2) Thiers, *Consulat et Empire.*

merie pour les guider, et leur fit entreprendre une poursuite des plus actives contre les réfractaires. »

« Ces colonnes étaient autorisées à traiter militairement les provinces qu'elles allaient parcourir, et à mettre des soldats en garnison
chez les familles dont les enfants avaient manqué à l'appel. Ces soldats devaient être logés, nourris et payés par les parents des réfractaires, jusqu'à ce que ceux-ci eussent fait leur soumission. C'est de là
que leur vint le nom, fort effrayant à cette époque, de garnisaires..... »

« Cette mesure fut dure mais efficace. Détenir les
réfractaires, c'était mettre leur santé en péril, et encom-
brer les prisons; les envoyer aux dépôts, c'était leur
ouvrir les portes pour s'échapper. Napoléon eut la
pensée de les instruire dans les îles qui bordent la
France et desquelles il leur était impossible de s'enfuir.
Pour cela, il créa dans ces îles et avec de bons cadres
des régiments d'instruction dont l'effectif était indéter-
miné et pouvait s'élever jusqu'à 15.000 hommes » (1).
Ils occupèrent les îles de Walcheren, de Ré, de Belle-
Isle, la Corse et l'île d'Elbe.

Sachant le peu de fertilité du sol russe et l'impossi-
bilité de vivre de réquisitions comme en Allemagne, il
pensa assurer la subsistance de son armée au moyen
d'un système bien organisé de magasins et de convois.

« Son projet était d'avoir à Dantzig, outre la subsistance d'une garnison
de 20,000 hommes pendant un an, l'approvisionnement d'une armée
de 400 à 500,000 hommes pendant un an aussi » (2). Il fit faire d'immenses achats de grains à Dantzig et accumula des magasins dans les
places de la Vistule qui devait former sa base d'opérations. « Sachant
que le soldat préfère beaucoup le pain au biscuit, et ayant reconnu que,
pour se procurer du pain, la difficulté n'est pas de le cuire mais de
convertir le grain en farine, il ordonna de moudre la plus grande
partie des grains de Dantzig, d'enfermer la farine qui en proviendrait

---

(1-2) Thiers, *Consulat et Empire.*

8

dans des barils adaptés aux nouveaux chariots (il va en être question plus loin), et d'enrôler partout des maçons à prix d'argent, afin de construire des fours dans chacun des lieux où l'on séjournerait..... »

« Il ordonna des achats de chevaux, surtout en Allemagne, aimant mieux épuiser cette contrée que la France ; il ordonna d'en acheter jusqu'à 30 ou 40,000, promettant partout de payer comptant..... »

« Le caisson ordinaire attelé à 4 chevaux était bon pour transporter le pain quotidien à la suite des corps ; un caisson pouvait ainsi assurer la nourriture d'un bataillon pendant une journée. Mais pour la campagne qu'il allait entreprendre, il fallait autre chose à Napoléon, qui prétendait se faire suivre par 50 ou 60 jours de vivres pour toute l'armée. Il fit construire de gros chariots qui pouvaient transporter 3 fois et même au besoin 4 fois autant que le caisson ordinaire. Il voulut ajouter à son matériel des chars à la comtoise et des chars à bœufs. Les chars à la comtoise sont légers, roulants, traînés par un seul cheval habitué à suivre celui qui précède, de façon qu'un seul homme en peut conduire plusieurs. Les chars à bœufs sont lents, mais l'animal qui les traîne, opiniâtre, vigoureux, les arrache des ornières les plus profondes, et, pendant les instants de repos, attaché à une roue, broutant le gazon qui est sous ses pieds, il ne donne le soir aucune peine, après avoir rendu les plus grands services dans la journée. Enfin, il peut lui-même servir de nourriture bien mieux que le cheval, qui n'est que l'aliment des dernières extrémités..... »

« Pour ces motifs, Napoléon augmenta considérablement les bataillons du train créés en 1807, pour le transport des approvisionnements. Aux 8 bataillons qu'il avait destinés à l'armée de Russie, il ajouta 4 bataillons à la comtoise et 5 bataillons à bœufs. »

« On pouvait se flatter de réunir ainsi le pain et la viande dans les mêmes convois. — Les animaux qui attelaient les convois étant destinés à faire vivre l'armée ; Napoléon espérait pouvoir les faire vivre eux-mêmes, en ne commençant ses opérations offensives que lorsque l'herbe aurait poussé dans les champs » (1).

« Il prescrivit la construction à Dantzig de 2 équipages de 100 bateaux chacun, pouvant servir à jeter

---

(1) Thiers, *Consulat et Empire.*

2 ponts sur les fleuves les plus larges, et, suivant l'usage, portés sur des haquets. »

« Comme le bois manque rarement, surtout dans la région où l'on s'apprêtait à faire la guerre, et que les ferrures et les cordages seuls constituent la partie difficile à rassembler, Napoléon fit réunir en câbles, ancres, attaches, montures de tout genre, le matériel d'un troisième équipage de ponts, où les bois seuls étaient omis puisqu'on s'attendait à les trouver sur les lieux. »

« Voulant avoir aussi des ponts fixes, il fit préparer à Dantzig des têtes de pilotis en fer, des ferrures pour lier ces pilotis, des sonnettes pour les enfoncer, de façon que les pontonniers fussent pourvus de tout ce qu'il leur faudrait pour jeter, indépendamment des ponts de bateaux, des ponts sur chevalets ou sur pilotis. — Tout ce matériel devait suivre l'armée sur de nombreux chariots » (1).

L'organisation de la grande armée de 1812, peut être considérée comme réalisant de la façon la plus complète les conceptions de Napoléon.

Il forme en première ligne 8 corps d'armée avec 4 corps de cavalerie et la garde; il place sur ses ailes 2 corps étrangers; enfin, il garde ses derrières avec 2 corps de réserve :

1ᵉʳ corps : Davout déjà en Allemagne depuis long-temps. Son quartier général est à Hambourg. Il comprend 5 divisions d'infanterie, c'étaient les 3 anciennes divisions Morand, Friant et Gudin, converties en cinq divisions nouvelles par l'arrivée de bataillons de récente formation, et une division de cavalerie légère.

2ᵉ corps : Oudinot. Son quartier général est à Muns-ter. Il comprend 3 divisions d'infanterie et une division de cavalerie légère.

3ᵉ corps : Ney. Il a la même composition que le corps

---

(1) Thiers, *Consulat et Empire.*

d'Oudinot. Son point de rassemblement est Mayence.

4e corps : est formé par l'armée d'Italie sous le prince Eugène. Il comprend 4 divisions d'infanterie et une division de cavalerie légère. Il se rassemble à Vérone.

5e corps : est formé par l'armée polonaise sous les ordres de Poniatowski. Il comprend 3 divisions d'infanterie et une division de cavalerie légère. Il se rassemble à Varsovie.

6e corps : est formé par les Bavarois sous les ordres de Gouvion-Saint-Cyr, que Napoléon tira de la disgrâce à cause de son mérite et malgré une indocilité de caractère souvent incommode. Il se rassemble à Bayreuth.

7e corps : est formé par les Saxons sous les ordres de Reynier. Sa composition est la même que celle du corps bavarois, c'est-à-dire 2 divisions d'infanterie et une division de cavalerie légère. Il se rassemble à Glogau, afin de pouvoir courir sur la Vistule par Kalisch si les Polonais avaient besoin de son secours.

8e corps : est formé par l'armée westphalienne sous le roi Jérôme. Il a la même composition que les Bavarois et les Saxons, et se rassemble à Magdebourg.

La garde impériale est divisée elle-même en 2 corps, l'un de jeune garde sous Mortier, l'autre de vieille garde sous le vieux maréchal Lefebvre. Elle part clandestinement de Paris par morceaux.

La réserve de cavalerie, commandée par Murat, atteint des proportions toutes nouvelles. Elle ne comprend pas moins de 4 corps, forts chacun d'environ 10,000 hommes et composés de 3 divisions.

Ces 4 corps sont commandés par Nansouty, Montbrun, Grouchy et

Latour-Maubourg. L'un d'eux est attaché à Davout, un autre à Ney ; Napoléon se réservait de les reprendre suivant les circonstances et les lieux pour les réunir au besoin sous sa main avec les 2 autres corps qui restaient à part sous le commandement spécial de Murat. Leur ensemble forme un effectif de 40,000 chevaux, et comme il y avait encore 40,000 chevaux de cavalerie légère dans les corps d'armée, la totalité de la cavalerie française en Russie présentait un effectif d'environ 80,000 chevaux. La possibilité de déployer dans les plaines russes des masses énormes de cette arme lui avait fait donner cette importance jusqu'alors inconnue. Mais, ces corps, étant trop nombreux seront difficiles à nourrir et il sera presque impossible avec eux de saisir l'à-propos des charges.

Les corps destinés à opérer aux limites extrêmes sur les ailes de l'armée sont : à l'aile gauche vers le Nord Macdonald avec les Prussiens ; à l'aile droite et au Sud les Autrichiens sous Schwartzemberg. Enfin, sur les derrières de l'armée, pour couvrir sa ligne d'opérations à travers l'Allemagne, nous trouvons 2 corps de réserve sous Victor et Augereau.

On voit combien cette grande armée manquait d'homogénéité et présentait de causes de faiblesse malgré son aspect formidable.

Napoléon n'a plus les vieilles bandes d'Austerlitz ni de Friedland. Il lui en reste bien quelques-unes dans le corps de Davout et quelques divisions éparses ; mais on les a démesurément accrues avec de jeunes conscrits, et affaiblies par leur mélange avec des alliés qui nous haïssaient, se battaient sans doute, mais, retenus par l'honneur seul au moment du combat, étaient prêts à déserter dès que l'honneur le leur permettrait. Ce n'était pas avec ce mélange incohérent que se devait tenter une telle entreprise.

5° Campagne de 1813.

Il s'agit de reconstituer une nouvelle armée pour faire face à la coalition. Napoléon a à sa disposition :

1° Les 100 cohortes du premier ban de la garde nationale qu'il avait eu la prévoyance d'organiser depuis quelque temps et qui, à toute la consistance désirable, joignaient une instruction à peu près achevée. Appelées à l'activité par un décret du Sénat, elles formèrent 100 bataillons et furent organisées en 22 régiments à 4 bataillons, le tout commandé par des officiers tirés des cadres de la ligne ou de la garde ou bien encore rappelés de la réforme.

2° 140,000 conscrits de 1813, levés par anticipation en 1812. Napoléon les organise en nouveaux régiments, et leur donne comme cadres soit des cadres laissés dans l'intérieur au moment du départ pour la Russie, soit des cadres successivement tirés d'Espagne. On achèverait leur éducation pendant les marches.

3° L'infanterie de marine dont la création était déjà ancienne. Cette troupe, habituée au double service de l'artillerie et de l'infanterie, était propre à combattre sur terre.

4° La conscription de 1814 que votent les Chambres.

5° 100,000 hommes, que les Chambres accordent encore, pris sur les conscriptions antérieures de 1809, 1810, 1811 et 1812.

6° 80,000 hommes, que les Chambres accordent un peu plus tard, pris non pas seulement sur les quatre, mais sur les six dernières conscriptions.

Napoléon obtient ainsi près de 600,000 hommes en se servant comme argument de la défection de la Prusse.

Il réorganise la cavalerie : la difficulté de trouver des chevaux était augmentée depuis l'évacuation de la Pologne et d'une partie de l'Allemagne. Napoléon envoya le général Bourcier en Hanovre pour remonter les débris de cavalerie revenus de Russie; « il lui expédia 2 ou 3,000 hommes à pied des dépôts du Rhin, et fit partir de Paris les généraux Latour-Maubourg et Sébastiani pour aller se mettre à la tête de la cavalerie remontée en Hanovre » (1). Napoléon compte

---

(1) Thiers, *Consulat et Empire.*

pour l'ouverture de la campagne sur 24,000 hommes de cavalerie, dont 14,000 remontés en Allemagne et 10,000 que pourront fournir les dépôts alimentés par les conscriptions levées. Bientôt les doux volontaires ayant fourni 22,000 chevaux, des réquisitions en ayant fourni d'autres, il espère avoir 60,000 cavaliers pour la suite de la campagne, les hommes devant se trouver dans les conscriptions. Restait à trouver des cadres ; Napoléon les tira des régiments de cavalerie alors en Espagne, et les envoya en poste sur le Rhin.

Il réorganise également l'artillerie : il se servit pour cela des artilleurs revenus de Russie, d'artilleurs pris dans les ports et les arsenaux, et de compagnies prises dans les cohortes, car il avait eu la prévoyance de prescrire que dans chaque cohorte on créât une compagnie de canonniers.

« Le matériel de 1812 était resté enfoui tout entier sous les neiges de la Russie ; mais, heureusement, nos arsenaux en étaient remplis. Comme on manquait seulement d'affûts de campagne, Napoléon en fit fabriquer partout. En attendant, on avait 600 bouches à feu prêtes sur les bords du Rhin, ce qui suffisait pour le début de la campagne » (1).

Napoléon organise ensuite ses forces de la façon suivante :

1° Les 12 premiers régiments formés avec les cohortes de la garde nationale partent pour Hambourg, sous le général Lauriston. Elles composèrent le corps de l'Elbe, destiné à se joindre au prince Eugène. Celui-ci, après avoir jeté de fortes garnisons dans les places de Dantzig, Thorn, Stettin, Custrin, Glogau et Spandau, dans l'espoir de faciliter ainsi la reprise des lignes de l'Oder et de la Vistule, s'est établi à Magdebourg. Il y a réorganisé environ 40,000 hommes et attend l'arrivée de la nouvelle armée que l'Empereur forme en France.

2° Avec les 10 régiments restants qui proviennent des cohortes et un certain nombre de nouveaux régiments formés avec les conscriptions levées, Napoléon

____

(1) Thiers, *Consulat et Empire*.

forme le 1er corps du Rhin et le confie à Ney, créé prince de la Moskova. Ce corps va se former à Mayence, pour être ensuite porté en avant.

3° Napoléon forme le 2e corps du Rhin avec une autre partie des nouveaux régiments créés à l'aide des conscriptions levées et avec de l'infanterie de marine. Marmont en aura le commandement.

Il se formera de suite après le 1er corps du Rhin, sera prêt un mois plus tard, et remplacera ce dernier à Mayence.

4° Il se décide à « tirer encore du personnel et du matériel de guerre accumulés depuis longtemps en Italie 2 corps sous Bertrand et Oudinot. Descendant en Bavière pendant qu'il déboucherait lui-même en Saxe, ils complèteraient la masse des forces qu'il voulait réunir sur l'Elbe » (1).

Un certain nombre de ces corps n'ont pas du tout de cavalerie ; la plupart n'ont qu'une brigade de cavalerie légère, dont les éléments sont presque tous allemands, italiens ou polonais, ne comptant souvent que la moitié des escadrons réglementaires, ou bien représentée seulement par ses cadres.

La réserve de cavalerie, toujours sous les ordres de Murat, comprendra bientôt 5 corps de 3 divisions chacun.

On peut estimer à 14 p. 100 la proportion de la cavalerie sur l'effectif total dans cette campagne. Cette faiblesse était d'autant plus fâcheuse que nos ennemis possédaient, au contraire, une nombreuse cavalerie.

______

(1) Thiers, *Consulat et Empire.*

Napoléon groupe ainsi ces forces pour arrêter la coalition sur l'Elbe :

Tandis que 50,000 hommes de garnison tiennent dans les places de la Vistule et de l'Oder, les 40,000 hommes du prince Eugène renforcés des 40,000 hommes de Lauriston, tiendront sur l'Elbe en formant l'aile gauche de l'armée. Les 2 corps du Rhin et la garde formant le centre, les 2 corps d'Italie formant la droite et arrivant par la Bavière, constitueront en Saxe une masse de 200,000 hommes qui donnera la main au prince Eugène.

Restaient comme réserves : 1° les anciens corps qui allaient se réorganiser sous Davout et Victor; 2° les bataillons de dépôt destinés à recevoir la conscription de 1814, qui pouvaient fournir encore 100 ou 150,000 combattants.

« Les nouvelles troupes réunies par Napoléon étaient jeunes et inexpérimentées, mais l'espèce des hommes était vigoureuse à cause de l'âge auquel on avait pris la plupart d'entre eux; les cadres étaient les plus aguerris du monde et impatients de rétablir le prestige de nos armes » (1).

Le vieux maréchal Kellermann est placé à Mayence pour inspecter les troupes de passage.

Après Lutzen et Bautzen, lorsque Napoléon a à lutter contre l'Europe entière, malgré ses combinaisons les plus savantes pour déjouer tous les plans de ses ennemis, il s'épuise à diriger dans le détail le grand

____

(1) Thiers, *Consulat et Empire*.

nombre d'unités qu'il commande. Aussi, la seconde partie de la campagne de 1813 voit-elle une innovation devant permettre de mieux résister au milieu du cercle de fer qui nous entoure : le groupement de plusieurs armées sous un même commandement. Macdonald est avec l'armée de Silésie contre Blücher; Oudinot, puis Ney sont opposés à Bernadotte; Napoléon est au centre avec le gros de ses forces contre Schwartzemberg.

Avant Leipzig, « prévoyant que la guerre serait longue et acharnée, Napoléon rédige un décret pour la levée de 120,000 hommes sur les classes antérieures de 1812, 1811 et 1810, et un autre pour la levée de 160,000 hommes sur la conscription de 1815, laquelle serait ainsi anticipée de deux ans. Celle de 1814 était déjà tout entière dans les dépôts. »

« Il comptait, avec les réfractaires que les colonnes mobiles pourchassaient en ce moment, porter cette levée à plus de 300,000 hommes, et espérait, en l'exécutant dans l'automne, l'avoir toute disponible en hiver, et prête à combattre au printemps » (1).

6° Campagne de 1814.

Il s'agissait de défendre la France envahie.

La conscription de 1815 déjà demandée, devait, « grâce au système des anticipations, ne donner que des soldats de 18 à 19 ans, c'est-à-dire des enfants braves, mais faibles et incapables de supporter les rudes travaux de la guerre; pleins d'ardeur sur les champs de bataille, ils mourraient bientôt de fatigue sur les grand'routes ou dans les hôpitaux. Napoléon n'en voulait plus, et, s'il avait demandé la conscription de 1815, c'était dans la pensée d'en former une réserve qui remplirait les dépôts et occuperait les places fortes. »

---

(1) Thiers, *Consulat et Empire*.

« Il n'y avait à compter que sur les classes antérieures de 1812, 1811 et 1810, qui devaient fournir
120,000 hommes. Mais cette levée, la seule utile, était
d'une exécution difficile, parce qu'il fallait rechercher
des hommes précédemment libérés et qui, ayant déjà
répondu à plusieurs appels par des remplaçants, se
voyaient frappés jusqu'à trois ou quatre fois. Aussi,
ces recours aux classes antérieures, tout en procurant
la meilleure qualité de soldats, avaient-ils l'inconvénient d'exciter les mécontentements les plus violents
et d'exiger des ménagements qui rendaient les appels
beaucoup moins productifs » (1).

Napoléon convoque alors le Corps législatif et lui fait
décréter une levée de 300,000 hommes sur toutes les
classes libérées antérieurement en remontant jusqu'à
1803 ; on prendrait tous les célibataires qui n'étaient pas
retenus chez eux par les raisons les plus légitimes.
C'était un beau projet, quoique bien autrement tyran-
nique que tous les décrets de la Convention, mais ce
n'était qu'une chimère. Le nombre des réfractaires fut
immense ; la nation ne put donner que quelques milliers de conscrits à verser dans les cadres qui reve-
naient d'Espagne ou conduits par des officiers en
réforme, et, quand les coalisés franchiront le Rhin,
Napoléon n'aura pas plus de 65,000 hommes réellement disponibles à opposer aux 600,000 hommes qui
inonderont la France.

L'Empereur fait en outre décréter la mobilisation de

---

(1) Thiers, *Consulat et Empire*.

120 bataillons de la garde nationale pour être employés dans les places.

Les dépôts des régiments sont transférés dans les places de seconde ligne, Nancy, Metz, Thionville, Mézières, Lille, où les suit Kellermann, car notre frontière est dans un état de complet dénûment.

Quant au matériel, comme la France est organisée à cette époque bien plus au point de vue de la conquête qu'à celui de la défense, nous ne trouvons plus dans nos arsenaux que des ressources insuffisantes et un matériel ruiné. Des ateliers extraordinaires sont établis pour la fabrication des vêtements et des armes. La difficulté était grande surtout pour les armes, « et pourtant c'était n'avoir rien fait que de se procurer des hommes si on ne parvenait à les armer ; chose étrange, qui caractérisait bien cette politique si occupée de la conquête et si oublieuse de la défense, la France menacée avait plus de peine à trouver 300,000 fusils que 300,000 hommes pour les porter » (1) ; on y aida en partie en désarmant les régiments étrangers, devenus tous suspects.

Malgré les difficultés que présentaient la levée des hommes et l'achat des chevaux, l'Empereur comptait avoir recréé, au printemps, une armée nouvelle; mais la brusque attaque des coalisés ne lui en laissa pas le temps, et il fut obligé de faire la campagne avec les débris des armées de 1813, faiblement alimentés par les conscrits qui rejoignirent pendant les opérations.

Les forces de la France sont ainsi réparties :

1° Sur l'Elbe, la Vistule et l'Oder, nous avons des garnisons nombreuses qui seules formeraient une armée. Mais elles sont enveloppées par l'insurrection allemande et bloquées par des corps ennemis.

2° A Hambourg, Davout commande un corps d'armée. Il retient devant lui des troupes nombreuses, mais il ne peut concourir à la défense du territoire.

____

(1) Thiers, *Consulat et Empire.*

3° Dans les Pyrénées, Soult et Suchet ont une armée en partie bloquée dans les places de la péninsule et ne pouvant prendre part aux opérations.

4° Sur le Rhin sont les restes des armées de 1813, mais démoralisés et en proie au typhus épidémique qui ravage Mayence et toutes les garnisons de l'armée. Victor est à Strasbourg. — Marmont à Mayence. — Macdonald à Cologne. — Maison à Anvers. — Mortier à Namur avec la vieille garde. — En arrière Ney organise comme réserve la jeune garde à Metz. — Mais dans tous ces corps, les divisions ont à peine la force de brigades régulières; quant à la cavalerie, elle peut difficilement suffire aux besoins les plus urgents, quoique Napoléon ait déjà emprunté toute celle de l'armée d'Italie réduite à 1800 chevaux depuis 1813, et retiré d'Espagne tous les régiments de dragons.

5° 25,000 hommes sur les contingents appelés sont réunis dans les dépôts à Paris et à Versailles. — 25,000 autres demandés à l'armée d'Espagne devaient entrer en ligne avant un mois.

7° Campagne de 1815.

Lorsque Napoléon revint de l'île d'Elbe, il trouva sous sa main un personnel militaire nombreux et bien constitué, car le retour des prisonniers et des garnisons lointaines avait ramené dans nos rangs beaucoup d'hommes aguerris. L'armée française comprenait alors environ 230,000 bons soldats, bien encadrés.

« En cherchant les hommes qui avaient quitté le drapeau sans congé régulier, en demandant un contingent à la conscription et en faisant un appel à la garde nationale, Napoléon comptait arriver au chiffre de 800,000 combattants. Cependant, malgré sa prodigieuse activité, son esprit aussi ingénieux que profond, ses habitudes impérieuses, il ne put en 3 mois atteindre l'effectif de 300,000 hommes ; il ne put en réunir que 124,000 pour entrer en Belgique, troupes superbes, excellentes et bien commandées » (1).

Elles étaient organisées en 5 corps d'armée : D'Erlon à Lille, Reille à Valenciennes, Vandamme à Mézières, Gérard à Metz, Lobau à Paris. Il faut y ajouter la garde impériale. — Comme dans toutes ses campagnes, Napoléon ne laissant à chaque corps d'armée que ce qu'il lui fallait de cavalerie pour s'éclairer, avait constitué avec le reste de cette arme une réserve de cavalerie comprenant 4 corps spéciaux formés chacun de deux divisions, sans qu'il y eût un commandant de la cavalerie pour l'ensemble de la réserve : 1° Pajol avait la cavalerie légère ; 2° Exelmans, les dragons ; Kellermann et Milhaud, les cuirassiers. — L'artillerie était nombreuse ; elle comptait 350 bouches à feu ce qui faisait environ 3 pièces par 1000 hommes.

Malheureusement « cette armée manquait de calme et d'union ; l'humeur de tous les chefs ne répondait pas à l'ardeur des soldats ; généraux, officiers, se rencontraient pour la première fois, ou se retrouvaient après avoir été longtemps séparés, moins encore par les distances que par les sentiments, les habitudes contractées dans des pays très divers, dans des guerres très différentes. La conduite que tel ou tel avait tenue pendant les derniers événements était sévèrement jugée ; on s'observait, on se soupçonnait. Cette absence d'harmonie, ce défaut

---

(1) *Les Institutions militaires de la France.*

d'entente se reconnaissaient à tous les moments de ces courtes opérations, et marquent d'un cachet particulier la campagne de 1815 » (1).

Après le passage de la Sambre, l'armée est organisée en 2 masses : 1° les corps de Reille et de d'Erlon sont sous le commandement de Ney avec les cuirassiers de Kellermann ; 2° les corps de Vandamme et de Gérard sont sous le commandement de Grouchy avec la cavalerie de Pajol et celle d'Exelmans. — L'Empereur conservant avec lui le corps de Lobau, la garde, les cuirassiers de Milhaud et les parcs, se propose de se porter tantôt à l'une, tantôt à l'autre de ces deux masses suivant les circonstances, et de les élever ainsi alternativement à la force et au rôle d'armée principale.

---

(1) Thiers, *Consulat et Empire*.

CHAPITRE IV.

ORGANISATION DE 1815.
UN MOT DE NOS LOIS DE RECRUTEMENT
DE 1815 A 1870.

§ 1er. — ORGANISATION DE 1815.

Après la deuxième Restauration, l'ancienne armée de l'Empire fut licenciée ; les forces du royaume furent réorganisées sur de nouvelles bases.

S'inspirant tout à la fois des plus vieux souvenirs de la monarchie et du principe du mélange des différentes armes de la République, le gouvernement supprima les régiments et les remplaça par des légions, où se trouvaient réunies à la fois infanterie, cavalerie et artillerie.

Chacune de ces légions fut organisée dans un département dont elle prit le nom et qui lui fournit exclusivement son contingent; les officiers seuls étaient dispensés de cette obligation. Il y eut ainsi 86 légions auxquelles on en ajouta une 87e sous le titre de légion étrangère ou de Hohenlohe.

Chacune était composée de :

- 2 bataillons d'infanterie de ligne.
- 1 bataillon de chasseurs à pied.
- 3 cadres de compagnie formant le dépôt.
- 1 compagnie d'éclaireurs à cheval que l'on devait former, mais qui ne le fut jamais.
- 1 compagnie d'artillerie.

Mais leurs cadres restèrent presque vides, et plusieurs d'entre elles ne comptaient pas 400 soldats sous le drapeau après le départ des alliés.

Cette organisation « était en contradiction complète avec les principes tactiques mis en lumière par les grandes luttes qui venaient de prendre fin » (1), car elle sanctionnait le mélange des petites unités des différentes armes.

« Comme le ministère de la guerre était occupé par Gouvion-Saint-Cyr, l'un des généraux les plus estimés de la période impériale, on est en droit de supposer qu'il ne fut pas le maître de ses actes et subit la pression des alliés installés sur notre sol pour 5 années, et chez lesquels, en 1815, des sentiments de haine violente contre la nation française avaient succédé à la modération relative de 1814 » (2).

Imitée de ce qui se faisait en Prusse et de ce qui se passe actuellement pour les réserves de l'armée active et de l'armée territoriale, elle posait, en revanche, les bases du recrutement régional.

Elle disparut avec l'occupation étrangère; des modifications y furent d'ailleurs apportées pendant son existence éphémère.

L'inégalité de la population dans les départements obligea d'y proportionner le nombre des bataillons : plusieurs légions n'eurent plus que 2 bataillons, tandis que dans d'autres le nombre en fut porté à 4.

(1-2) *Cours d'art et d'histoire militaires*, Saint-Cyr, 2ᵉ division, 1880-81.

En 1819, on se vit même dans la nécessité de créer une seconde légion avec un nombre variable de bataillons dans certains départements.

C'est en 1820 que cette organisation fut abolie et que reparut la dénomination de régiment ; on forma :

60 régiments de ligne.

20 régiments de troupes légères.

Les 40 premiers régiments de ligne furent constitués à 3 bataillons, les 20 derniers et ceux d'infanterie légère à 2 bataillons seulement. Chaque bataillons était de 8 compagnies : 2 d'élite et 6 de fusiliers.

On fit entrer de préférence dans la formation des 20 régiments d'infanterie légère, les légionnaires des pays montueux ou fourrés.

L'armée compta ainsi 150,000 hommes.

« La garde royale fut composée de 2 divisions actives d'infanterie, 2 divisions de cavalerie et une brigade d'artillerie. L'effectif était de 25,000 hommes, presque tous anciens soldats. Les officiers y avaient le titre et le rang immédiatement supérieurs à leur grade dans la garde et en portaient les insignes. La garde royale fut licenciée en 1830 » (1).

Artillerie. — Après un retour au système Gribeauval que l'Empereur avait modifié en se rapprochant de ceux des étrangers dans le but d'utiliser les munitions prises à l'ennemi, on adopta bientôt un nouveau matériel : son avantage était de ne présenter qu'un seul modèle d'affûts et de voitures. La disposition des caissons permettait de faire asseoir les canonniers sur les coffres et de les transporter avec les pièces, ce qui donnerait ainsi aux

---

(1) *Cours d'art et d'histoire militaires*, Saint-Cyr, 2ᵉ division, 1880-81.

batteries dites montées une mobilité réservée jusque-là aux seules batteries à cheval.

Génie. — Les troupes du génie se composent de 3 régiments organisés à Metz, Arras et Montpellier. Ils y étaient encore en 1870.

§ 2. — UN MOT SUR NOS LOIS DE RECRUTEMENT DE 1815 A 1870.

En 1815 la conscription est abolie. L'armée se recrute exclusivement par des enrôlements volontaires avec prime en argent faits parmi les nationaux et les étrangers, cela pour complaire aux alliés. Tous les volontaires étaient envoyés dans la légion de leur département; « c'était ainsi le recrutement régional appliqué au système de l'enrôlement ».

« Si réduite que fût l'armée par les exigences de l'étranger, les engagés volontaires ne suffirent pas pour assurer son recrutement, et la loi de 1818 vint combiner avec l'enrôlement le système des appels qui constituait, par le fait, un retour à la conscription : les jeunes gens de vingt ans étaient astreints à un tirage au sort, et, après la revision, les premiers numéros formaient le contingent annuel » (1), comprenant 40,000 hommes. — La durée du service était de 6 ans. — Ce temps achevé, ils étaient assujettis en cas de guerre à un second service territorial pendant 6 années sous la dénomination de vétérans.

------

(1) *Cours d'art et d'histoire militaires*, Saint-Cyr, 2ᵉ division, 1880-81.

La combinaison était habile, mais la rédaction était obscure et le mode d'exécution pas assez nettement tracé pour que cette grande expérience pût être complète. Qu'était-ce que ce service territorial ? Les vétérans devaient-ils être placés sous le régime militaire ? Devaient-ils former des corps à part ? Comment seraient-ils encadrés ? Ces questions n'étaient pas résolues » (1).

En 1824, cette institution d'une réserve disparaît. La durée du service actif est portée de 6 à 8 ans.

La loi de 1832 due à Soult fait des appels annuels la base du recrutement, tandis que, dans celle de 1818, ils ne devaient être qu'un moyen auxiliaire des engagements volontaires. Elle fixe la durée du service à 7 ans au lieu de 6 et 8 ans. Le remplacement existe. Les jeunes gens seront appelés par ordre de numéros, et le contingent comprendra deux classes composées : la première, de ceux qui devront être mis en activité ; la seconde, de ceux qui seront laissés dans leurs foyers.

La loi de 1855 sur la dotation de l'armée détruit le remplacement. Il se trouve remplacé par l'exonération qui « supprimait en principe l'obligation personnelle du service militaire ; en payant une somme d'argent à l'État, on n'était plus forcé de servir..... L'État devenu marchand d'hommes, fixe annuellement le prix de l'exonération.... Une caisse de dotation de l'armée est établie et remplie par l'argent des exonérés » (2) ; elle sert à payer les hommes dont on a besoin pour combler les vides créés par l'exonération (remplaçants

____

(1) *Institutions militaires de la France*, 1867, Michel-Lévy.
(2) Dussieux, *l'Armée en France*.

administratifs) et les primes de rengagement des sous-officiers et soldats rengagés.

La loi de 1868 réduit le service à 5 ans, après lesquels les hommes serviront 4 ans dans la réserve. L'exonération est supprimée, le remplacement rétabli. La garde mobile est instituée; la durée du service y est de 5 ans. Les forces militaires de la France se décomposent alors en :

    1° armée proprement dite comprenant ;

        1° armée active.

        2° réserve.

    2° garde nationale mobile.

DEUXIÈME PARTIE

Principe divisionnaire. — Demi-brigades, brigades, divisions. — Constitution de la division.

CHAPITRE PREMIER

DEMI-BRIGADES.

Il en a été question dans la 1re partie assez longuement pour qu'il soit inutile d'y revenir.

CHAPITRE II.

BRIGADES.

Le fractionnement des troupes par brigades fut introduit dans les armées françaises par Turenne qui, lui-même, en avait emprunté le principe à Gustave-Adolphe.

Cette innovation tactique, une des plus importantes du règne de Louis XIV, reçut sa première application pendant la guerre du Droit de dévolution, 1667-1668. Plus tard, en 1672, on l'appliqua d'une manière définitive et générale dans l'armée de Hollande, que l'on peut, en tenant compte des ressources de l'époque, regarder comme le premier exemple complet d'organisation des troupes modernes. Cela ouvrait, suivant l'expression de Napoléon, « une nouvelle ère dans l'art militaire ».

La brigade créée par Turenne était composée de troupes de la même arme; il y en avait ainsi de distinctes pour l'infanterie et la cavalerie. Formées avant l'entrée en campagne, elles étaient dissoutes après la guerre, et les brigadiers n'avaient ainsi qu'un emploi temporaire.

Cette nouvelle unité resta pendant longtemps en France la plus considérable. En effet, elle suffisait aux effectifs restreints qu'eurent les armées dans les premières guerres du règne de Louis XIV. Si l'armée d'invasion de la Hollande fut très nombreuse, ce fut une exception; et, d'ailleurs, elle se divisa en plusieurs corps au bout de quelques mois. Les dernières campagnes de Turenne, les plus remarquables, furent accomplies avec des armées de moins de 25,000 hommes. Il disait, lui-même, « qu'une armée de plus de 30,000 hommes l'eût embarrassé ».

On se rend compte de cette parole si l'on considère que Turenne loin de s'assujettir à des règles absolues dans ses dispositions pour le combat, les variait à l'infini, au contraire, suivant la configuration du terrain ou les incidents de la lutte; or, il lui eût été impossible de changer ses positions sans une perte de temps considérable avec des armées dépassant 30,000 hommes. La preuve en est qu'à l'époque de Villars, lorsque les armées atteignirent en moyenne 75,000 hommes, on combattit sur deux lignes et un front d'environ 7 kilomètres; il en résultait de grandes difficultés dans la transmission des ordres et de grands embarras pour le commandement pendant le combat; comme l'art des manœuvres était encore à naître, il fallait 24 heures pour prendre position; une fois ses lignes formées, le général en chef n'osait plus quitter sa position, même en face d'un danger, par la crainte bien fondée d'apporter dans ses troupes une inextricable confusion.

Lorsqu'en 1788 furent organisées des divisions distinctes par armes, sous le ministère du comte de Saint-Germain, les brigades furent commandées par des maréchaux de camp ; réunies deux à deux, elles constituèrent ces divisions, et le grade de brigadier fut supprimé.

Plus tard, lorsque le principe divisionnaire fut admis, le général de brigade ne fut plus « qu'un intermédiaire commandant une fraction de la division, mais une fraction mal définie, et dont la constitution même n'était pas immuable ».

« Autrement dit, chaque général de brigade recevait du commandant de la division, en même temps que la mission qu'il avait à remplir, la désignation des troupes qui seraient mises à cet effet sous ses ordres » (1).

« La brigade disparut même dans les guerres du premier Empire, où plusieurs divisions se composaient de 3 régiments sous le commandement d'un général de division et d'un seul général de brigade, véritable commandant en second » (2).

De nos jours, elle est devenue une unité « dépourvue des moyens de se suffire à elle-même et dont le chef n'est en réalité qu'un intermédiaire, un lieutenant de son général de division. Son existence chez nous, comme dans toutes les armées européennes, découle :

1° De la nécessité de subdiviser la division telle qu'elle est actuellement constituée. Car le général de

---

(1-2) *Cours de tactique d'infanterie*, 2ᵉ division, École de guerre, 1878.

division ne peut être en communication directe avec les
4 ou 5 colonels d'infanterie et les commandants de son
artillerie, de sa cavalerie, et de tous ses services accessoires » (1).

2° Des inconvénients qu'il y aurait à ce que le commandement d'une division incombât, le cas échéant, à
un officier d'un grade trop peu élevé.

-----

(1) *Cours de tactique d'infanterie*, 2e division, École de guerre, 1878.

CHAPITRE III

DIVISIONS.

La nécessité d'une unité plus considérable que la brigade s'était fait sentir, comme nous l'avons vu, dès la fin du règne de Louis XIV, et avait plus tard été signalée par le maréchal de Saxe.

L'organisation préconisée par lui devint définitive en 1788, sous le ministère du comte de Saint-Germain ; on créa des divisions distinctes par armes, commandées par des lieutenants généraux et divisées chacune en deux brigades commandées par des maréchaux de camp.

Carnot, voulant réduire les besoins de l'armée au strict nécessaire, supprima les tentes, car il était impossible d'en pourvoir toutes les troupes qui furent levées dans les guerres de la République. Il adopta également le système des réquisitions sur le pays, ce qui lui permit de supprimer les magasins à la suite des armées ; mais pour que les armées pussent s'approprier les produits du pays au moyen de ces réquisitions, il était nécessaire de les diviser. Telles sont les raisons qui conduisirent à la création des divisions mixtes dont nous avons longuement parlé dans la Ire partie; devant vivre isolément, elles devaient aussi pouvoir combattre séparément. Elles présentèrent, d'ailleurs, d'étranges différences d'effectif; ainsi, l'on trouvait dans la même armée, des divisions de 5,000 hommes et d'autres de 15,000 hommes; « le nombre des généraux de brigade était aussi essentiellement variable, ainsi on en trouvait jusqu'à quatre dans une division, tandis qu'un seul existait dans la voisine » (1).

(1) *Cours de tactique d'infanterie*, 2e division École de guerre, 1878.

CHAPITRE IV.

PRINCIPE DIVISIONNAIRE.

Bientôt se produisit une réaction que l'on peut attribuer à deux faits essentiels :

1° Augmentation de la proportion d'artillerie : disséminée dans le principe entre les différents corps par compagnies à pied ou à cheval, son action s'était trouvée en conséquence étroitement combinée avec celle des autres troupes. La forte augmentation de l'artillerie à cheval amena, en 1796, l'abandon de ce système de mélange, que l'extrême mobilité acquise par cette arme rendait, du reste, inutile. Employée quelquefois comme artillerie auxiliaire de la cavalerie, elle le fut le plus souvent comme artillerie de réserve pour se porter rapidement à un point donné ; nous avons déjà signalé ce fait. Si l'on en rapproche la suppression des canons de bataillon opérée en 1796 également, et la réunion au corps proprement dit de l'artillerie des compagnies qui faisaient auparavant le service dans chaque demi-brigade, on constate l'indépendance relative donnée à l'artillerie et le rôle mieux défini, plus distinct, qu'elle aura désormais.

2° Tendance à séparer la cavalerie de l'infanterie : Bonaparte dans ses campagnes de 1796-97 sentit le besoin d'avoir sous la main une force de cavalerie plus considérable que la brigade affectée à chaque division mixte.

« La cavalerie de ligne, dit Napoléon, qui ne peut être fort utile que par grandes masses et à la fin d'un combat, au commencement ou au milieu selon les circonstances, doit être séparée des autres armes pour pouvoir s'engager à propos et indépendamment d'elles, tout en concourant avec elles au but commun. Elle doit donc être réunie en réserve de l'armée. »

En conséquence, voulant être plus maître de l'ensemble des opérations, il détacha les régiments de cavalerie des divisions mixtes auxquelles ils étaient affectés, et les adjoignit à ses réserves.

Ce fait se présenta surtout dans les opérations qu'il eut à diriger au milieu des pays de montagnes où la cavalerie n'était d'aucun secours pour l'infanterie.

A la même époque, Moreau et Jourdan, dans la nouvelle répartition qu'ils font chacun de leur armée, affectent une division de cavalerie légère à chacun de leurs trois groupes, et de plus constituent une réserve de cavalerie.

« Au moment où Hoche prit son commandement sur le Rhin, en 1797, il introduisit un changement assez notable dans l'organisation de son armée, dit Gouvion-Saint-Cyr, en réunissant la cavalerie en grandes masses et par arme. Ainsi la grosse cavalerie formait une division, les dragons une autre, de même les chasseurs et les hussards ; cette disposition bizarre cause dès les premiers jours de la campagne de grands embarras ; là ou l'on avait besoin de troupes légères on trouvait de la grosse cavalerie et réciproquement » (1).

---

(1) Maréchal Gouvion-Saint-Cyr.

Le principe divisionnaire, fertile en heureuses conséquences se trouva ainsi créé. Les divisions mixtes des premières guerres de la République cessèrent dès lors d'exister; et les divisions ne furent plus composées désormais que de troupes de la même arme, infanterie ou cavalerie, en conservant néanmoins certains accessoires, par exemple, une fraction d'artillerie à pied ou à cheval selon leur nature.

L'infanterie, en effet, peut à la rigueur se passer des autres armes, quoiqu'elle ne possède pas certaines facultés de vitesse et de choc qu'a la cavalerie, ni une puissance d'effet utile à grande distance comme l'artillerie. Mais comme elle ne peut s'occuper elle-même de pourvoir à ses différents besoins, il devient nécessaire que des corps ou services particuliers les assurent pour elle. On obtient dès lors le maximum d'effet utile par l'association à l'infanterie des deux armes secondaires et de certains services accessoires, et cette réunion qui donne à la division tous ses éléments de combat, en fait une unité tactique.

Le principe divisionnaire assure l'ensemble, l'uniformité et l'accord, qui procurent la force et la mobilité, cela par les moyens suivants :

1° vie commune dans les camps ou garnisons où plusieurs éléments se trouvent réunis;

2° solidarité entre les parties d'une même unité;

3° unité de commandement et d'administration.

CHAPITRE V.

CONSTITUTION DE LA DIVISION.

Lorsque après les tentatives de groupement de plusieurs divisions rendues nécessaires par les effectifs considérables appelés à coopérer, Napoléon constitua normalement ces groupes en grandes unités tactiques sous le nom de corps d'armée, chaque division forma 2 brigades et eut un nombre de régiments variant de 3 à 5 ; quand il y avait 5 régiments, 4 étaient réunis en 2 brigades, le cinquième était employé en réserve ou éclaireurs, et était commandé au moment de la bataille par un général de brigade ; cette division comprenait donc 3 généraux de brigade. Dans les autres cas, elle en comptait toujours au moins deux. — Chaque division n'eut qu'une ou deux batteries d'artillerie, car on s'occupait alors de réunir celle-ci en grandes masses ; elle fut absolument dépourvue de cavalerie.

« La tradition se continua pendant la longue période de paix qui suivit le premier Empire, et nous nous retrouvons en Crimée et en Italie avec des divisions d'infanterie à chacune desquelles sont adjointes seule-

ment 2 batteries d'artillerie et parfois un faible détachement de cavalerie, mais ce dernier toujours temporairement » (1).

En 1870, nos divisions d'infanterie étaient pourvues
de 18 bouches à feu.

Faisons un instant abstraction des développements
historiques qui précèdent. Appuyons-nous seulement
sur le principe divisionnaire qui permet d'utiliser les
trois armes en les combinant ensemble et d'en tirer le
maximum d'effet utile, et cherchons quels principes
doivent présider à la constitution d'une division.

« Il faut prévoir le cas où les circonstances l'entraî-
neront dans un combat isolé ; d'ailleurs cette situation
se présente, non seulement pour une division qui est
séparée de son corps d'armée, mais encore pour celle
qui fait partie d'une grande ligne de bataille ; en effet,
le commandant du corps d'armée doit pouvoir, dans ce
cas, déployer ses deux divisions l'une à côté de l'autre,
et assigner à chacune un champ d'action distinct » (2).
Un premier point se trouve donc établi ; devant avoir
une indépendance propre, la division sera constituée
avec « des éléments des trois armes, infanterie, cavalerie, artillerie, un détachement de génie, une ambulance et les services administratifs nécessaires ; pour une
mission spéciale, il faudra même lui affecter un équi-

____

(1) *Cours de tactique d'infanterie*, 2ᵉ division, École de guerre, 1878.
(2) Derrécagaix, *La Guerre moderne*. 1ʳᵉ partie.

12

page de pont » (1). Ainsi organisée, chaque division d'un corps d'armée pourra marcher sur une seule route quand l'occasion s'en présentera, et il en résultera pour un corps d'armée le grand avantage de pouvoir, malgré son effectif considérable, amener tous ses éléments à prendre en temps utile la formation de combat si les circonstances l'exigent.

Mais dans quelles proportions sera fait le mélange des différentes armes? La solution s'impose si l'on considère que la division devra nécessairement « présenter en infanterie un effectif suffisant pour qu'il puisse lui être adjoint des unités d'autres armes capables d'une action efficace, car on ne saurait subdiviser outre mesure l'artillerie et la cavalerie sans perdre la possibilité de les employer utilement. Une masse de 12,000 fantassins environ est reconnue suffisante pour former le noyau d'un corps de troupes de toutes armes » (2) (en France, artillerie seulement, car la cavalerie n'apporte qu'accidentellement sa coopération), et assez restreinte pour rester sous la direction d'un seul général, dont le commandement est facilité, d'ailleurs, par le groupement de l'infanterie en 2 brigades.

Partant de ces données, on a constitué la division en France de la manière suivante :

1º *Quartier général :*

    1º *État-major :* général commandant la division,

---

(1) Derrécagaix, *La guerre moderne*, 1ʳᵉ partie.
(2) *Cours de tactique d'infanterie*, 2ᵉ division, École de guerre, 1878.

1 officier d'ordonnance, chef d'état-major, 1 capitaine du service d'état-major, 1 capitaine breveté, 1 interprète, estafettes, secrétaires.

2° *Escorte* : demi-peloton de cavalerie légère.

3° *État-major de l'artillerie* : colonel ou lieutenant-colonel du 1er régiment de la brigade d'artillerie du corps d'armée ; officiers de réserve, médecins, vétérinaires.

4° *Service de santé* : 1 médecin principal.

5° *Services administratifs* : fonctionnaires de l'intendance avec un élève d'administration et des commis aux écritures.

6° *Aumônerie* : l'aumônier de la division marche avec l'ambulance.

7° *Force publique* : 1 capitaine de gendarmerie commandant la force publique, avec un détachement de gendarmes.

8° *Trésorerie et postes* : payeurs, sous-agent et estafettes. Le service est assuré par la direction générale jusqu'aux stations têtes d'étapes de guerre.

9° *Justice militaire* : 1 ou 2 conseils de guerre.

10° *Vivres régimentaires du quartier général* : 2 jours (2 sections). L'ensemble du quartier général comprend approximativement une vingtaine d'officiers, une centaine d'hommes, une centaine de chevaux et une dizaine de voitures.

II° *Troupes* :

1° *Infanterie* : 2 brigades de composition identique.

2° *Artillerie :* 1 groupe de 4 batteries montées de 90. Dans la 1ʳᵉ division, l'artillerie est commandée par le colonel du 1ᵉʳ régiment (divisionnaire). Dans la 2ᵉ division du même corps d'armée, l'artillerie est commandée par le lieutenant-colonel du même régiment (1).

3° 1 *section de munitions d'infanterie et* 1 *section de munitions d'artillerie* (2).

4° *Génie :* 1 compagnie.

5° *Parc de la compagnie du génie.*

Le bataillon de chasseurs à pied du corps d'armée, très apte aux missions qui demandent de l'indépendance, peut être temporairement attaché à la division.

III° *Services :*

1° *Ambulance :* médecins, pharmaciens, infirmiers, brancardiers, aumônier, officiers d'administration, détachement du train. Elle assure les soins immédiats aux blessés.

2° *Convoi administratif :* officiers et ouvriers d'administration, détachement du train. Il contient 4 jours de vivres et est divisé en 4 sections correspondant chacune à 1 jour de vivres.

Les ressources en vivres, outils, munitions, soins médicaux, se subdivisent en deux parties :

1° Partie à la disposition immédiate des corps.

(1-2) C'est à dessein que nous ne donnons pas la nouvelle organisation de l'artillerie. Quoique connue de tout le monde, elle a encore, en France, un caractère confidentiel.

2º Partie formant réserve commune à tous les corps.

Par exemple, les 8 jours de vivres de la division se décomposent en :

1º Vivres à la disposition immédiate des corps : 4 jours, dont 2 portés par les hommes et 2 aux fourgons à vivres du train régimentaire.

2º Vivres formant réserve commune à tous les corps : 4 jours portés par le convoi administratif.

En résumé, la division a :

12,000 fusils d'infanterie.

24 pièces de canon (1).

8 jours de vivres.

4,550 outils environ.

142 cartouches par homme.

200 coups par pièce de canon.

La division est donc fortement constituée, mais au prix d'un train considérable. On compte, en effet, environ 500 voitures formant :

1º *Le train de combat :* en dehors de celui de chaque régiment, le train de combat proprement dit de la division comprend :

1º L'ambulance divisionnaire.

2º Une section de munitions d'infanterie.

3º Une section de munitions d'artillerie (2).

Ces deux sections de munitions (3) sont fondues dans le train de combat du corps d'armée lorsque la division n'opère pas isolément.

(1-2-3) Ces données sont inexactes. Se reporter à la note de la page précédente.

2° *Le train régimentaire.*

3° *Le convoi administratif.*

Après une longe période de tâtonnements, toutes les puissances ont adopté une constitution à peu près uniforme pour la division. Nous verrons, plus loin, les particularités essentielles qui s'y rattachent.

Tout ce qui précède s'applique aux campagnes d'Europe seulement.

« Il est évident que dans les opérations qui auront lieu dans des régions vastes et d'un accès difficile contre un ennemi peu aguerri, mal organisé, et dont par suite on n'attend pas une résistance soutenue, la constitution des unités comprenant les trois armes sera toujours modifiée par les circonstances, comme elle le fut dans les guerres d'Afrique et du Mexique, les expéditions d'Abyssinie, de Khiva, de l'Afghanistan, etc..... Il s'agira de former des colonnes qu'on puisse mouvoir et alimenter ; pour ces motifs aussi bien qu'en raison du genre de résistance à prévoir, elles seront généralement d'un effectif restreint et les trois armes y sont représentées dans des proportions éminemment variables » (1) ; ainsi, on peut, par exemple, scinder les divisions et constituer des brigades mixtes ; mais ce ne sont que des organisations de circonstance motivées par des situations spéciales.

---

(1) *Cours de tactique d'infanterie*, 2° division, École de guerre, 1878.

CHAPITRE VI.

DIVISION DE CAVALERIE.

Nous avons vu plus haut, chapitre IV, dans quelles circonstances furent organisées les premières divisions de cavalerie.

« Bonaparte inaugure un nouveau système de guerre : il ne consent plus à se battre pour des objectifs partiels et secondaires, il vise du premier coup l'objectif principal dont la possession doit être décisive. Les efforts tentés sur les différents théâtres d'opérations doivent, en quelque sorte, converger vers ce but unique, et, sur un même théâtre, les forces mises en œuvre prennent des proportions toutes nouvelles. Mais l'échiquier stratégique se trouvant ainsi élargi, pour assurer la concordance et la liaison entre ces actions individuelles, il constitue de puissantes réserves. Elles lui permettront d'intervenir avec efficacité en toute circonstance, elles le mettront en état de connaître le vaste terrain sur lequel il opère aussi bien qu'il connaissait le champ où jadis se restreignait la bataille, de démasquer les manœuvres de l'ennemi, de diss-

muler les siennes, comme il le faisait jadis sur le terrain que son œil pouvait embrasser du regard » (1).

« Pour augmenter l'indépendance de la cavalerie et
pour se constituer le moyen de cette intervention puis-
sante dans le combat à laquelle il attachait une importance de premier ordre » (2), il organise dans l'armée de
réserve (1800) le corps de cavalerie de Murat comprenant 3 brigades.

Pendant les guerres du premier Empire, chaque
corps d'armée possède une division de cavalerie légère
formée de 3 ou 4 régiments. Elle est sous les ordres
directs du commandant du corps d'armée qui se trouve
ainsi être le premier officier général à avoir les trois
armes à sa disposition. Cette division de cavalerie légère
ne possède généralement pas d'artillerie ; elle reçoit
seulement quelques pièces, lorsqu'elle forme avec l'infanterie légère l'avant-garde du corps d'armée. — La
réserve de cavalerie composée de 1° la grosse cavalerie, 2° les dragons, 3° le reste de la cavalerie légère qui
éclaire et sert d'avant-garde aux deux autres cavaleries,
forme un nombre de divisions variant avec les ressources dont dispose l'Empereur ; chacune d'elles est
formée exclusivement soit de grosse cavalerie, soit de
dragons, soit de cavalerie légère. — Dans le but d'augmenter leur indépendance, de les mettre en état de sur-
monter la plupart des obstacles, et d'éviter ainsi
qu'obligées de se détourner ou d'attendre le reste de

(1-2) *La Cavalerie de 1800 à 1815.*

l'armée elles cessent de remplir leur mission, l'Empereur développe sans cesse l'artillerie à cheval qui leur est attachée ; chaque division possède, en général, un minimum d'une compagnie d'artillerie à cheval, mais qui ne lui est pas attachée d'une manière régulière, et est simplement mise à sa disposition sans faire corps avec elle. La cavalerie légère faisant partie de la réserve n'a pas plus d'artillerie que la division attachée à chaque corps d'armée.

« Les canonniers destinés au service des pièces étaient tous à cheval comme aujourd'hui ; cette disposition était considérée comme constituant pour notre artillerie légère une grande supériorité sur celle de certaines puissances, telles que l'Autriche » (1).

Cette organisation se maintient dans toutes les campagnes de l'Empire ; mais, dans les dernières, l'Empereur entraîné par sa conception même du rôle des grandes masses de cavalerie, en pousse trop loin les conséquences. « La réserve de cavalerie prend de plus grandes proportions, à mesure que l'effectif de nos armées s'accroît, et que le nombre des corps d'armée augmente. Il n'est plus possible de la maintenir sous un seul commandement, et elle se subdivise en corps de cavalerie de réserve placés sous des chefs directs, mais obéissant à la direction générale du commandant de la réserve générale de l'armée » (2). Ainsi dans la grande armée de 1812, qui peut être considérée comme réalisant de la façon la plus complète les conceptions de Napoléon, la réserve de cavalerie commandée par Murat

---

(1) *La Cavalerie de 1800 à 1815.*
(2) D'Andlau, *De la cavalerie dans le passé et dans l'avenir.*

atteint des proportions toutes nouvelles, et forme comme un grand corps d'armée de cavalerie : elle ne comprend pas moins de 4 corps, composés chacun de 3 divisions, et forts d'environ 10,000 hommes. « Cette idée était vicieuse.... Des corps aussi nombreux de cette arme ne trouvent quelquefois pas dans une campagne l'occasion de donner ensemble, et présentent de graves difficultés pour les faire subsister. Avec cela ils perdent toute mobilité et sont exposés à des pertes immenses sans combattre. De plus, le terrain ne se prêtant généralement pas à leur déplacement instantané, ils perdent souvent l'occasion d'intervenir audacieusement et à propos. La seule compensation qui existe à ces inconvénients et justifie en partie l'idée de Napoléon, c'est l'avantage de fournir contre les lignes non entamées d'infanterie et de cavalerie de l'adversaire des charges qui pouvaient décider d'une bataille comme à Eylau » (1).

La cavalerie française resta jusqu'en 1870 fidèle à ces errements, sans tenir compte des changements que la transformation des armes à feu imposait au service de cette arme, et, par suite, à son organisation. Ainsi en 1870, l'armée du Rhin avait une réserve de cavalerie de 3 divisions munies chacune de 2 batteries d'artillerie ; à chaque corps d'armée était attachée une division de cavalerie mais sans artillerie.

Aujourd'hui, « l'expérience a condamné les grands

____

(1) *La Cavalerie de 1800 à 1815.*

corps de cavalerie tels qu'ils étaient formés dans les dernières guerres de Napoléon. Ces masses d'escadrons seraient, dans les batailles modernes, exposées à un tir trop meurtrier ; mais le rôle actuel de la cavalerie exige des divisions, qui ne faisant pas partie des corps d'armée, puissent se porter assez loin de l'armée pour la couvrir sur son front et sur ses ailes, et en même temps pour la renseigner sur les mouvements et la force de l'ennemi » (1).

Le rôle de ces divisions est ainsi défini dans le projet d'instruction du 8 décembre 1879, par M. le général de Gallifet : « elles doivent non seulement attirer sur elles l'effort de la cavalerie ennemie, pour l'éloigner de l'armée en marche ou en formation, mais triompher d'elle, soit en manœuvrant, soit en combattant pour pénétrer jusqu'aux lignes de l'ennemi, afin d'apprécier ses forces, de deviner ses projets, de les contrarier et de les faire échouer, s'il est possible ».

L'organisation de la division actuelle de cavalerie indépendante découle de son dispositif même de combat qui se partage en 3 lignes ayant chacun un rôle distinct. La nécessité de cette répartition en 3 lignes d'égale force étant établie, on s'est demandé si la division devait comprendre 3 brigades à 2 régiments ou 2 brigades à 3 régiments. Si cette dernière combinaison avait été adoptée, il aurait fallu, pour obtenir la 3e ligne de combat, enlever un régiment à chacune des brigades ; le commandement de cette 3e ligne se serait difficilement exercé, et elle aurait été moins homogène. C'est pour ces motifs qu'a été adoptée pour la division la formation de 3 brigades à 2 régiments, chaque brigade correspondant à une ligne.

---

(1) Général Thoumas, *Transformations de l'armée française*.

On admet généralement que la division indépendante doit comprendre :

2 régiments de cuirassiers.

2 régiments de dragons.

2 régiments de chasseurs ou de hussards.

3 batteries à cheval « dont l'objet est non seulement d'appuyer les mouvements des escadrons, mais encore de porter sous leur protection l'action de son feu sur les flancs ou même sur les derrières de l'ennemi pendant le cours de la bataille » (1).

« C'est la division idéale, modèle-type du règlement d'exercices. On y retrouve les 3 subdivisions d'autrefois : une brigade de grosse cavalerie, une brigade de cavalerie de ligne et une brigade de cavalerie légère ; la deuxième ne se distingue, du reste, de la troisième, que par la taille un peu plus élevée des hommes et des chevaux, mais elles peuvent toutes les deux être employées au même service et remplir le même rôle » (2).

Il existe actuellement 6 divisions de cavalerie indépendante, mais il est facile de voir qu'elles ne peuvent avoir toutes une composition identique. En effet, la cavalerie comprend :

72 régiments en France.
{ 12 régiments de cuirassiers.
28 régiments de dragons.
20 régiments de chasseurs.
12 régiments de hussards. }

10 régiments en Afrique.
{ 6 régiments de chasseurs d'Afrique.
4 régiments de spahis. }

Si l'on considère que les brigades de cavalerie attachées à chacun de nos 18 corps d'armée absorbent :

18 régiments de dragons ;

---

(1) Général Thoumas, *Transformations de l'armée française*.

(2) *A travers la cavalerie*.

14 régiments de chasseurs ;

4 régiments de hussards,

on voit qu'abstraction faite des régiments d'Afrique, qui ne participeraient peut-être pas à une guerre continentale, « car l'exemple de 1871 nous montre qu'il n'est pas prudent de dégarnir notre colonie au moment où la métropole traverse une crise violente » (1), et si la chose était possible pour les chasseurs d'Afrique, elle ne le serait certainement pas pour les spahis, nous ne disposons pour nos 6 divisions que de :

12 régiments de cuirassiers.

10 régiments de dragons.

6 régiments de chasseurs.

8 régiments de hussards.

Il en résulte que 5 divisions seulement peuvent être composées comme il a été dit plus haut, puisqu'il ne reste que 10 régiments de dragons. La sixième se compose d'une brigade de cuirassiers et de 2 brigades de cavalerie légère.

---

(1) *A travers la cavalerie.*

TROISIÈME PARTIE

Réunion temporaire de plusieurs divisions sous un seul commandement. — Corps d'armée.

CHAPITRE PREMIER.

RÉUNION TEMPORAIRE DE PLUSIEURS DIVISIONS SOUS UN SEUL COMMANDEMENT.

Les armées de la République présentèrent bientôt des effectifs considérables, et le besoin se fit sentir d'une unité supérieure à la division et devant faciliter le commandement du général en chef. Mais on ne devait arriver que progressivement à son adoption, due aux nécessités quotidiennes de la pratique de la guerre, plutôt qu'à une théorie spontanément émanée d'un général de cette époque tourmentée.

Le premier pas dans ce sens fut fait par Moreau en 1796. Il se concerta avec Jourdan, et, en raison du grand nombre d'hommes qu'ils commandaient, ils divisèrent chacun leur armée en 3 groupes, plus une réserve de cavalerie. Chaque groupe constituait l'aile droite, le centre ou l'aile gauche de l'armée, et se com-

posait de 2 ou 3 divisions d'infanterie avec une division
de cavalerie légère; « le commandement en était donné
au gré du général en chef, dont dépendait la répartition des troupes » (1). Moreau eut quelques résistances
à vaincre, ses lieutenants ne se souciant pas d'exercer
ces commandements, mais, il leur opposa sa volonté.
Dès lors, nos deux armées d'Allemagne furent ainsi
divisées :

1° Armée du Rhin, sous Moreau.
- Aile droite, Ferino.
- Centre, Gouvion-Saint-Cyr.
- Aile gauche, Desaix.
- Réserve.

2ᵉ Armée de Sambre-et-Meuse, sous Jourdan.
- Aile droite, Marceau.
- Centre, Jourdan.
- Aile gauche, Kléber.
- Réserve.

« Cette organisation était bonne ; elle simplifiait les rouages de l'administration et diminuait le travail du général en chef. C'était donc un
perfectionnement, car tout ce qui simplifie améliore; mais elle rendait
la condition des généraux chargés de ces groupes extrêmement
pénible, en mettant sous leurs ordres des généraux qui leur étaient
égaux en grade ».

« Quant aux dénominations de droite, centre et gauche, on aurait
pu les éviter ; il eût été préférable de les remplacer par des numéros
comme cela eut lieu plus tard dans les armées françaises et ensuite
dans toutes celles de l'Europe. De plus, il n'était pas nécessaire que
chaque groupe occupât constamment la même place dans l'ordre de
bataille. Il était, au contraire, convenable qu'ils en changeassent quelquefois, et que, selon les circonstances, la gauche devînt le centre, et
celui-ci la gauche ou la droite; cela eût donné des chances de plus
pour tromper l'ennemi, et lui cacher plus longtemps les manœuvres
opérées dans l'armée. En ne tenant point à un ordre de bataille qui

---

(1) Général Thoumas, *Transformations de l'armée française*.

fût toujours le même, le général en chef aurait eu la faculté de placer ses généraux selon leur caractère, leur manière de voir et le genre de guerre auquel ils étaient les plus propres, dans les diverses circonstances où l'armée devait se trouver » (1).

On a cru parfois voir une organisation analogue dans la répartition que Bonaparte fit de ses troupes, à la veille de commencer sa campagne contre l'archiduc Charles en Italie. Il les distribua effectivement en 2 groupes ; le premier, comprenant les 4 divisions Masséna, Bernadotte, Guyeux, Sérurier, et une réserve de cavalerie, en tout 40,000 hommes, se réunit sur la Piave, devant opérer sous ses ordres directs ; le deuxième, comprenant 3 divisions et fort de 20,000 hommes, se réunit sur le Lavis, sous le commandement de Joubert, devant opérer dans le Tyrol ; pendant ce temps, Victor et Kilmaine garderaient les derrières de l'armée avec des réserves.

Mais cette répartition, l'Empereur l'a démontré tout au long dans des écrits postérieurs, était le résultat d'une conception stratégique de l'ordre le plus élevé, et non d'une idée nouvelle sur l'organisation des armées.

En effet, pensant tout d'abord que l'archiduc Charles, qui avait établi son quartier général à Inspruck, dans l'attente des 6 belles divisions de renfort venues de l'armée du Rhin, réunirait toutes ses forces dans le Tyrol en laissant au plus une division « errière le Tagliamento, combinaison qui devait lui offrir bien des avantages, Bonaparte avait assigné à Joubert trois positions successives à défendre pour arrêter l'archiduc dans le Tyrol et donner ainsi au groupe principal de l'armée française qu'il commandait en personne, le temps de remonter par les gorges de la Brenta pour prendre l'archiduc à revers ; après quoi, les deux groupes ne formeraient plus qu'une seule masse sous son commandement.

---

(1) Maréchal Gouvion-Saint-Cyr.

14

Voici maintenant comment il s'exprime lui-même au sujet de la combinaison qu'il adopta définitivement, l'archiduc ayant reçu du conseil aulique l'ordre de concentrer toutes ses troupes dans le Frioul :

« Bonaparte semble adopter deux lignes d'opérations, une par le Frioul, l'autre par le Tyrol et le Pusterthal. Mais ce n'était là qu'une apparence, car :

1° Joubert avait la mission spéciale d'empêcher le corps autrichien du Tyrol de couper les communications de Bonaparte par la vallée de l'Adige ; c'était un détachement nécessaire, et ce n'était qu'un détachement. En réalité, la seule ligne d'opérations, celle sur laquelle allait s'effectuer le mouvement décisif était celle du Frioul que suivait le gros de nos forces.

2° Le Pusterthal est en deçà de la crête supérieure des Alpes. La ligne indiquée à Joubert par cette vallée ne devait être suivie qu'en cas de succès du corps principal ; en effet, Joubert, jusqu'à la bataille du Tagliamento, resta sur la défensive ; après cette bataille seulement, il battit et détruisit la plus grande partie du corps de Davidovitch et le repoussa au delà du Brenner. On ne fit pas la jonction des deux corps d'armée devant l'ennemi, car lorsque Joubert quitta Brixen, faisant un à-droite pour effectuer son mouvement de jonction par le Pusterthal, Bonaparte était sur la Drave, à Klagenfürth ; l'archiduc ne pouvait donc imaginer aucune manœuvre pour s'opposer à cette jonction. »

En 1800, l'armée du Rhin, sous Moreau, a un effectif d'environ 108,000 hommes, si l'on fait abstraction de 30,000 hommes comprenant la division qui partira pour l'Italie sous Moncey, et les garnisons de Mayence et d'Alsace, qui assurent l'accès de la rive droite du Rhin par Kehl, Brisach et Bâle. Moreau répartit ses 16 divisions en 4 groupes correspondant chacun à 1 corps d'armée, et comprenant 3 ou 4 divisions mixtes avec une brigade ou une division de cavalerie. Lecourbe commande l'aile droite, Gouvion-Saint-Cyr le centre, Sainte-Suzanne l'aile gauche, Moreau le corps de réserve.

On voit combien nous sommes loin du corps d'armée tel que nous le concevons maintenant, puisque Moreau s'attribue le commandement direct de l'un des groupes comme l'avait déjà fait Jourdan en 1796, à l'armée de Sambre-et-Meuse. Cette manière de faire avait de sérieux inconvénients ; aussi, Saint-Cyr s'y opposa-t-il fortement ; il lui reprochait « d'absorber le général en chef, de le faire descendre à un rôle qui n'était pas le sien et surtout de nuire aux autres parties de l'armée, rarement aussi bien traitées que les troupes placées directement sous l'état-major général. De plus, chaque corps d'armée pouvant se suffire à lui-même, avait, comme les anciennes divisions mixtes, une tendance à s'isoler » (1) ; ainsi, Gouvion-Saint-Cyr, après être resté inactif pendant la bataille de Moskirch, fut au contraire abandonné à ses seules ressources à Biberach.

A la reprise des hostilités qui suivit l'armistice de Parsdorf, la grande armée du Rhin, toujours commandée par Moreau, a une composition à peu près identique ; les modifications ne portent que sur les commandants des corps d'armée ; ainsi, le général Grenier commande l'ancien corps de Gouvion-Saint-Cyr.

____

(1) Thiers, *Consulat et Empire*.

CHAPITRE II.

CORPS D'ARMÉE.

§ 1er. — HISTORIQUE.

La réunion de plusieurs divisions sous la dénomination définitive de corps d'armée fut adoptée seulement en 1800, et appliquée à l'armée de réserve dont Bonaparte prit le commandement. On sait de quelle savante combinaison découla la création de cette armée forte d'environ 60,000 hommes, si l'on tient compte des forces confiées à Chabran, Thureau, Béthancourt et Moncey, et 35,000 hommes seulement si l'on n'envisage que l'armée de réserve proprement dite.

Le premier consul l'organise à l'insu de la France et de toute l'Europe, le secret étant soigneusement gardé entre lui, Berthier et quelques généraux d'artillerie et du génie qu'on avait été forcé d'initier. Des préparatifs apparents mais sans valeur réelle sont faits à Dijon; ils suffisent pour tromper les espions de la coalition. Pendant que l'Angleterre et l'Autriche se moquent des conscrits et des vétérans envoyés à dessein à Dijon, le premier consul, dont l'unique désir en ce moment était d'être raillé, réunit à Nantes Rennes et Paris les éléments que la fin de la guerre de Vendée permettait d'utiliser, à Toulon Avignon et Marseille les renforts destinés à l'armée d'Orient et qui ne peuvent lui parvenir. Les divisions ainsi formées s'acheminent lentement vers la Suisse complétant en route leur organisation et passant pour des renforts destinés à l'armée du Rhin, ce qui paraissait très vraisemblable. L'artillerie et les approvisionnements de munitions sont préparés d'avance dans les dépôts de Besançon, Briançon et Auxonne; les vivres et fourrages rassemblés à Lyon semblent destinés à l'armée d'Égypte. Tous les ordres sont directement expédiés du cabinet du premier consul aux chefs de corps ou de services sans passer par les bureaux de la guerre, et le secret fut de la sorte si bien observé que Moreau crut pendant quelque temps que le corps rassemblé à Dijon était réellement destiné à renforcer son armée.

Son organisation était la suivante : chaque corps d'armée, à l'exception de celui de Lannes qui n'avait que 3 brigades, comprenait 2 divisions d'infanterie et une brigade de cavalerie légère seulement pour éclairer; le gros de la cavalerie demeurait groupé en divisions; il n'y avait plus de fractionnement en ailes et centre.

1er corps : Lannes.
- 3 brigades d'infanterie dont 2 formant une division.
- 1 brigade de cavalerie.

2e corps : Victor.
- Division Gardanne.
- Division Chambarlhac.
- Brigade de cavalerie Kellermann.

3e corps que Desaix devait commander au bout de peu de jours.
- Division Boudet.
- Division Monnier.

Réserve de cavalerie : Murat. 2 divisions.

Garde consulaire.
- 2 bataillons.
- 2 escadrons.

L'artillerie des divisions avait été réduite à 6 bouches à feu, à cause des difficultés du passage des Alpes.

L'armée d'Italie, confiée à Brune en 1800, eut une organisation analogue.

Elle comprenait :

5 corps d'armée à 2 divisions.
2 divisions de cavalerie.

Enfin, dans les camps d'instruction de 1804-1805, dont il a été question au chapitre III de la première partie, l'Empereur constitua les premiers corps d'armée permanents. Chacun d'eux fut commandé par un maréchal de France (dignité rétablie en 1804) ou par un général de division de choix (le général de division qui avait commandé un corps d'armée n'était plus jamais mis à la tête d'une division), et comprit un nombre variable de divisions d'infanterie, une division de cavalerie et des accessoires de toute sorte ; sa force, que Napoléon considérait comme un élément variable et que, plus tard, il fit en effet sensiblement varier selon les exigences de la guerre et suivant ses combinaisons, était dans le principe de 17 à 25,000 hommes en raison de l'habileté de son chef et du but à atteindre. Sa composition était ainsi réglée :

1° État-major.
Général commandant et ses aides de camp.
Chef d'état-major et ses aides de camp.
Sous-chef d'état-major et ses adjoints.
Commandant de l'artillerie et ses aides de camp.
Chef d'état-major de l'artillerie et ses adjoints.

<table>
<tr><td>1° État-major.
   (Suite.)</td><td>{</td><td>Commandant du génie et ses ad-
joints.
Commissaire des guerres.</td></tr>
<tr><td>2° Infanterie. .</td><td>{</td><td>2 ou 3 divisions organisées comme il
a été dit au chapitre V de la
deuxième partie, c'est-à-dire ne
possédant pas du tout de cavalerie
et n'ayant d'artillerie qu'à titre de
prêt.
A chaque division était attaché un
adjoint-commissaire.</td></tr>
<tr><td>3° Cavalerie. .</td><td>{</td><td>1 division de cavalerie légère formée
de 3 ou 4 régiments, 1 brigade
seulement dans certains corps. La
plupart des brigades comprenaient
1 régiment de chasseurs et 1 de
hussards.</td></tr>
<tr><td>4° Artillerie. .</td><td>{</td><td>Elle formait : 1° Des batteries divi-
sionnaires (prêtées aux divisions.
1 batterie de 8 pièces ou 2 batteries
de 6 pièces dans chaque division);
2° Une réserve de corps d'armée.</td></tr>
<tr><td>5° Parc d'artil-
lerie et du génie.</td><td>{</td><td>Il comprenait le train et les ouvriers
d'artillerie, les sapeurs, les pon-
tonniers, etc.....</td></tr>
</table>

Par sa force et sa constitution, le corps d'armée était
donc encore plus indépendant que la division. Il pouvait
être livré à lui-même aussi longtemps que l'approche
d'un mouvement décisif n'exigeait pas la réunion sur un
point donné de forces considérables.

Cette formation en corps d'armée eut une grande influence sur la discipline et le moral des troupes. L'unité de commandement et l'unité de manœuvres eurent pour résultat un ensemble parfait dans les opérations. La campagne de 1805 fut le couronnement de cette organisation.

« Mais plus tard, les tâtonnements, les organisations improvisées, suite de circonstances exceptionnelles, amènent un véritable désordre. Les corps d'armée sont formés non d'après une méthode uniforme, mais en vue des besoins du moment, et surtout des qualités et des aptitudes personnelles du chef auquel est dévolu le commandement. C'est ainsi qu'en 1812, nous voyons le 1er corps de la grande armée formé de 5 divisions composées chacune d'unités hétérogènes, et présenter plus de 100,000 combattants, tandis que d'autres groupes portant la même dénomination de corps d'armée ne comptent guère plus de 25,000 hommes. »

« La campagne de 1813 est celle où, plus que jamais, apparaissent les vices de ces formations improvisées, qu'il eût été du reste impossible, dans cette période de détresse, de modeler sur un type, si ce type eût existé. Des corps inégaux entre eux, ces corps réunis eux-mêmes temporairement sous le commandement d'un chef inconnu d'eux et ne les connaissant point, tel est le spectacle que nous offrent les armées d'alors; organisation vicieuse en principe, et dont un génie seul était capable de tirer parti » (1).

Après 1815, nous n'avions plus qu'un fantôme d'ar-

---

(1) *Cours de tactique d'infanterie*, 2e division, École de guerre, 1878.

mée. Pendant toute la période qui s'écoula jusqu'à la guerre de Crimée, les forces dont nous eûmes besoin pour mener à bonne fin nos différentes expéditions, ne nécessitèrent pas une organisation en corps d'armée régulièrement constitués comme ceux du premier Empire, et ceux qu'il nous fallut bien organiser depuis. C'est seulement à la fin de la guerre de Crimée que nous voyons réapparaître ces grandes unités dans l'armée française, « mais leur composition essentiellement variable et faite en vue d'une situation exceptionnelle, ne supporte même pas l'examen » (1).

En 1859, on constitua des corps d'armée pour la campagne d'Italie, mais « ce ne fut pour ainsi dire qu'un essai; les uns comportaient 3 divisions, les autres 2, suivant le grade de leur chef (maréchal de France ou général de division) » (2).

De même en 1870 « nos corps d'armée par des raisons analogues, sont organisés les uns à 4 divisions, les autres à 3 » (3) et, de la sorte, présentent des effectifs très variables.

Ainsi que nous avons procédé à propos de la division, faisons un instant abstraction des développements historiques qui précèdent, et cherchons quels principes doivent présider actuellement à la constitution d'un corps d'armée.

Pour démontrer la nécessité de cette grande unité, trouver quelle force il convient de lui donner, constater combien elle est utile au

---

(1-2-3) *Cours de tactique d'infanterie*, 2ᵉ division, École de guerre, 1878.

15

fonctionnement des grandes armées modernes, et enfin voir quelle est la meilleure organisation à lui donner, nous ferons de nombreux emprunts à des écrits féconds en enseignements, particulièrement aux savantes études de M. le général Lewal et au précieux ouvrage de M. le colonel Derrécagaix : *La guerre moderne*.

§ 2. — NÉCESSITÉ DU CORPS D'ARMÉE.

« L'histoire nous apprend que les très grandes armées ne peuvent être commandées que par de grands hommes de guerre ; qu'il est prudent, dans les questions d'organisation, de compter, en général, sur des capacités moyennes et qu'il ne faut pas en conséquence, dans la répartition des forces d'un pays, dépasser pour une armée.... le chiffre moyen de 150,000 combattants ».

« Les forces humaines ont une limite, et cette limite ne permet pas, ordinairement, de grouper dans une seule main de plus gros effectifs » (1).

Or, si dans une pareille agglomération les plus grandes unités étaient, par exemple, des divisions organisées comme nous l'avons vu, la machine frappée d'impuissance, ne pourrait fonctionner, à cause du trop grand nombre d'ordres à expédier, de la multiplicité des quartiers généraux et du personnel, et de l'encombrement qui en résulterait.

Nous citerons, à ce propos, l'armée autrichienne dans la campagne de 1859. « Vouloir diriger par des ordres immédiats émanant du même quartier général 14 divisions d'infanterie et 2 divisions de cavalerie, dont 16 unités tactiques différentes, est une tâche difficile, qui suppose des moyens extraordinaires et une grande activité, même pour

---

(1) Derrécagaix, *La guerre moderne*, stratégie.

les marches et pour les opérations seulement. Dans la bataille, ces 16 unités occupent une étendue de front de plus de 8 kilomètres, et rarement on pourra les embrasser du regard. Une armée de telle force exige nécessairement des commandements intermédiaires entre le quartier général et les divisions » (1).

Il faut donc créer des échelons entre les divisions et le commandement en chef, constituer une nouvelle unité supérieure à la division, afin « de diminuer d'une manière sensible le travail, les préoccupations, et même la responsabilité du général en chef; et plus cette grande unité sera forte, plus l'allégement sera sensible » (2). Le nouvel élément constitutif formé de la sorte sera le corps d'armée.

§ 3. — FORCE QU'IL CONVIENT DE LUI DONNER.

A l'inverse de la division qui forme un minimum pour la coopération utile des 2 armes, on a donc cherché pour le corps d'armée un maximum dans le même but.

« On en est ainsi arrivé aujourd'hui, dans presque toutes les armées, à déterminer la force d'un corps d'armée d'après les considérations suivantes :.... 30,000 hommes représentent la masse la plus considérable qu'on puisse faire mouvoir en une journée sur une seule route et conserver toujours rassemblée, et la plus considérable qui, étant en marche sur une seule route, puisse se déployer en un jour sur la tête de la colonne. Cet effectif, enfin, donne au corps d'armée en colonne,

---

(1) *Récit de la guerre d'Italie par le grand état-major prussien.*
(2) Derrécagaix, *La guerre moderne*, stratégie.

sans ses trains, une longueur moyenne de 24 kilomètres, correspondant à une journée de marche » (1). Notons en passant cette conséquence : dès qu'un corps d'armée dépasse 30,000 hommes, il devient nécessaire de le faire marcher sur 2 routes.

Dès lors, on devra diviser une armée de 150,000 hommes en 5 corps de 30,000 hommes chacun. On aura, de la sorte, l'avantage d'avoir pour les marches et le combat deux ailes, un centre et une réserve, fractionnement qui assure à l'armée la plus grande somme de puissance et de mobilité, tout en facilitant l'exercice du commandement. Enfin, cette opinion de Napoléon que les grandes armées ne doivent pas comporter plus de 5 grandes unités trouve ici une application directe.

Certains écrivains militaires, entre autres Jomini, se sont demandé si en donnant, suivant la tradition napoléonienne, des effectifs différents à chaque corps d'armée, on n'aurait pas l'avantage de tromper l'ennemi et de l'empêcher de connaître par un seul la force de tous les autres. Mais, de nos jours, cela est impossible pour plusieurs raisons :

1° On ne peut régler la force d'un corps d'armée sur la valeur de son chef. « Il existe certainement des nuances notables entre les chefs militaires reconnus susceptibles de diriger les grandes unités ; mais qui pourrait aujourd'hui se charger de les apprécier? Ce jaugeage de la valeur de ses lieutenants était basé, pour le grand capitaine, sur une longue série de faits antérieurs ; mais, en thèse générale, les éléments de comparaison feraient défaut, et on tomberait dans l'arbitraire. Il faudrait, d'ailleurs, une autorité comme celle de Napoléon Ier pour faire accepter des jugements de cette nature par ceux qui en seraient l'objet » (2).

2° La question de tromper l'ennemi en donnant au corps d'armée des effectifs inégaux n'a plus de raison d'être, avec les moyens de publicité dont on dispose aujourd'hui. Croire que l'adversaire serait induit

---

(1) Derrécagaix, *La guerre moderne*, stratégie.
(2) *Cours d'art et d'histoire militaires*, Saint-Cyr, 1re division, 1881-82.

en erreur par de pareils moyens serait de l'enfantillage, comme le fait remarquer M. le général Lewal.

« 3° La mobilisation d'une armée comme celle de la France est une opération très complexe ; et si, au lieu de constituer des corps d'armée identiques qu'il suffira de doter du même matériel et du même personnel de complément pour les mettre en état de faire campagne, on formait des corps d'armée inégaux, on se créerait, dès le début, d'immenses complications » (1).

Beaucoup d'arguments militent, au contraire, en faveur d'une composition identique des corps d'armée ; nous ne citerons que la facilité des ravitaillements de toute nature, et la simplicité du remplacement d'un corps d'armée par un autre sur une position ou dans un cantonnement.

§ 4. — SON UTILITÉ AU POINT DE VUE DU FONCTIONNEMENT DES GRANDES ARMÉES MODERNES.

Les conditions d'organisation qui répondent au maximum d'effet utile (2), dans l'emploi d'une armée, peuvent être déterminées d'après les données pratiques suivantes :

« 1° Une armée ne peut sans danger dépasser un front de combat déterminé. »

« 2° Elle doit conserver un front de marche qui lui permette de concentrer ses éléments en temps opportun » ;

3° Enfin, elle doit occuper un espace de terrain suffisant pour nourrir ses troupes pendant 24 heures au moins » (3).

Si nous examinons chacune de ces données prise à

(1) *Cours d'art et d'histoire militaires*, Saint-Cyr, 1re division, 1881-82.
(2) Général Lewal, *Partie organique*.
(3) Derrécagaix, *La guerre moderne*, stratégie.

part, nous arriverons à cette conclusion qu'une armée de 150,000 hommes divisée en 5 corps d'armée de 30,000 hommes la satisfait pleinement. En effet :

1° *Front de combat.* — Son maximum est de 16 à 18 kilomètres, pour les deux raisons suivantes :

« 1° Il ne doit pas dépasser l'espace que le regard, aidé d'une bonne lorgnette, peut embrasser; soit 8 à 9 kilomètres. Le commandant en chef étant supposé au centre, dans un pays découvert, le front du combat pourrait donc atteindre 16 à 18 kilomètres. Or l'expérience prouve que cet espace est trop étendu, qu'il faut le regarder comme un maximum, et qu'on ne saurait le dépasser sans s'exposer à des désordres ou à des mécomptes » (1).

« 2° Le front de combat d'une armée doit, en outre, être tel, qu'un échange de communications entre le général en chef et un commandant de corps d'armée ne puisse excéder, aller et retour compris, 1 heure 1/2 au plus, ce qui correspond à 12 kilomètres. Les comman-

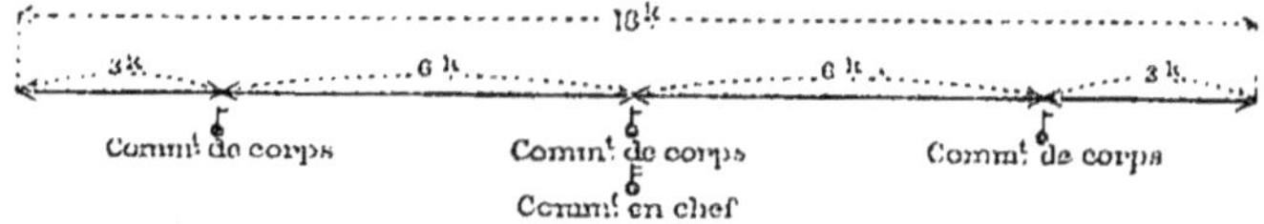

dants des corps les plus éloignés ne doivent donc pas se tenir au delà de 6 kilomètres du général en chef. En les supposant eux-mêmes au centre de leurs troupes, on voit que le front de combat peut s'étendre à 2 ou 3 kilo-

---

(1) Général Lewal, *Partie organique.*

mètres du point où ils stationnent. On arrive également ainsi à un front de combat maximum de 16 à 18 kilomètres » (1).

« Or si on admet un corps d'armée de 30,000 hommes en formation de combat sur 3 lignes, et un maximum de 5 hommes par mètre courant, on arrive pour le corps d'armée à un front de 6 kilomètres. Il en résulte que sur un front de 16 à 18 kilomètres, on ne peut pas faire agir plus de 3 corps à 30,000 combattants, soit 90.000 hommes. A ce chiffre, il faut ajouter les réserves générales, indépendantes de la ligne de combat. Leur importance est connue ; c'est avec elles qu'on gagne les batailles et qu'on atténue les défaites ;.... l'expérience fait admettre pour elles, comme une sage proportion, celle des 2/5 des forces engagées; soit pour 3 corps d'armée en ligne, 2 corps disponibles en arrière. Par conséquent pour un front de 16 à 18 kilomètres, l'armée compterait 5 corps d'armée à 30,000 hommes, soit 150,000 combattants » (2), ce qui est précisément la subdivision indiquée.

2° *Front de marche.* — « Une armée en mouvement doit toujours être en mesure de se concentrer en une journée ».

« Or, cette condition sera remplie, si le front de marche est réduit à une étendue telle que, pour se porter en ligne, un corps d'armée n'ait jamais à exécuter plus de 12 heures de marche, soit 24 kilomètres au

---

(1-2) Général Lewal, *Partie organique.*

maximum. On admet, bien entendu, que les bagages et les impedimenta sont laissés en arrière. »

« Supposons un front de combat de 16 kilomètres. Pour se porter à l'extrémité de ce front de combat la plus rapprochée de lui, chaque corps d'armée ne devant pas parcourir plus de 24 kilomètres, on aura comme

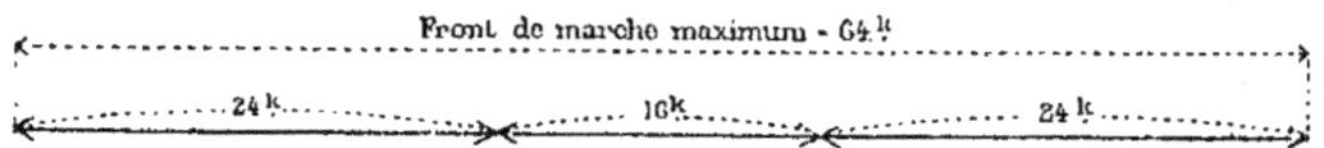

limite extrême du front de marche de l'ensemble de l'armée :

$$24 \times 2 + 16 = 64 \text{ kilomètres.}$$

« D'un autre côté, pour pouvoir porter un corps d'armée sur un point quelconque du front de combat sans

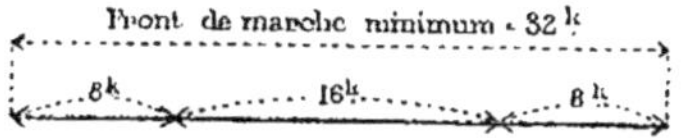

dépasser cette distance de 24 kilomètres, il faut réduire le front de marche à un minimum de 32 kilomètres. La moyenne entre ces deux extrêmes est de 48 kilomètres, soit 50 kilomètres en nombres ronds » (1).

« L'histoire nous apprend que les commandants des grandes unités se sont sensiblement rapprochés de ce chiffre. »

« Le nombre des communications moyennement disponibles pour la marche d'une armée permet encore de déterminer l'effectif maximum des masses à mettre en

---

(1) Général Lewal, *Partie organique.*

mouvement. En Europe, un front de 50 kilomètres ne contient guère plus de 3 routes à peu près parallèles. Il est démontré, en outre, que 30,000 est le chiffre maximum des hommes qu'on peut faire écouler en un jour sur une même route, et que, pour pouvoir se concentrer dans ce laps de temps sur un corps du centre, une armée ne peut faire marcher en une seule colonne plus de 2 groupes de 30,000 hommes. Dans ces conditions, l'effectif maximum d'une armée à faire mouvoir sur 3 routes, serait de 180,000 hommes. Mais dans la pratique, les concentrations s'effectuant d'habitude sur le front, on doit affecter au moins une route à chacun des corps de première ligne et on ne peut laisser en arrière que ceux de réserve. Cela nous ramène à des armées de 150,000 hommes, et de 5 corps, dont 2 marchent en échelons en arrière » (1) ; et nous retombons, une fois de plus, dans le fractionnement indiqué.

3° *Subsistances.* — « Il est établi que, pour assurer la subsistance d'une armée pendant 24 heures dans les pays d'Europe moyennement cultivés, il ne faut pas laisser passer sur une contrée plus de 3,000 hommes par kilomètre de front. Pour un front de 50 kilomètres, cette proportion correspond, comme on le voit, à une armée de 150,000 hommes » (2). Cette troisième donnée se trouve ainsi satisfaite en même temps que la précédente.

Il est bon de remarquer que ce fractionnement en corps d'armée d'environ 30,000 hommes ne s'impose pas dans tous les cas et ne répond pas à toutes les exigences d'une situation déterminée. Au mo-

(1-2) Derrécagaix, *La guerre moderne,* stratégie.

ment d'une guerre, le fractionnement des forces mises en jeu dépendra, le plus souvent, du terrain sur lequel elles devront agir, de la mission qu'elles auront à remplir, et particulièrement de leur effectif. S'il s'agit d'une petite armée, par exemple, et si l'on veut la diviser en corps d'armée, on ne pourra lui appliquer la règle généralement admise de ménager un corps principal, deux ailes et une réserve. « Il est clair, en effet, qu'une armée de 50,000 à 70,000 hommes, partagée en 2 ou 3 corps d'armée, ne pourrait avoir deux ailes, un centre et une réserve, qu'en scindant ces grandes unités. Il serait donc préférable de la répartir de suite en 4 ou 5 divisions et de négliger le fractionnement en corps d'armée » (1).

§ 5. — ORGANISATION QU'IL CONVIENT DE LUI DONNER.

« La composition du corps d'armée est, comme son effectif, soumise à des principes déterminés. Du moment où il doit pouvoir marcher isolément sur une même route, il faut qu'il soit en mesure de conserver, à tout instant, son indépendance, et, pour cela, qu'il possède, avec des éléments des trois armes, des troupes techniques, un matériel de pont, une administration et des services accessoires de toute nature. Il faut même que le général qui le commande n'ait jamais les mains liées par les services complémentaires qu'il a laissés dans sa région » (2).

Nous avons vu au paragraphe 1 de ce chapitre combien le nombre des divisions d'un corps d'armée a souvent varié ; il y en a eu jusqu'à 5. Mais les corps d'armée « avaient alors peu de mobilité et se trouvaient souvent, en campagne, hors d'état d'observer la règle tactique, qui veut qu'on tienne rassemblées les frac-

---

(1-2) Derrécagaix, *La guerre moderne, stratégie.*

tions d'armée destinées à agir de concert et à combiner leurs efforts dans un but commun. Aujourd'hui encore, on hésite entre des corps d'armée à 2 et à 3 divisions. Mais les raisons les plus sérieuses militent en faveur du système à 2 divisions » (1).

Dans le projet de loi sur l'organisation générale de l'armée, présenté le 30 janvier 1873 par le gouvernement, le corps d'armée devait comprendre 3 divisions, d'après cet instinct naturel, disait l'exposé des motifs, qui fait désirer à un corps appelé à combattre un centre, une droite et une gauche, et pour qu'il fût possible de détacher au besoin une division pour une opération accessoire.

La commission de l'Assemblée nationale émit un avis contraire. Le rapporteur, M. le général Chareton, fit observer que si la combinaison ternaire était reconnue indispensable, il fallait l'adopter pour les unités tactiques d'un ordre inférieur, ce qui n'a pas été fait, puisque la compagnie a 4 sections, le bataillon 4 compagnies, la brigade 2 régiments, et la division 2 brigades.

D'ailleurs, « combien de batailles où il serait difficile de distinguer bien nettement un centre et deux ailes?..... Prenons Marengo, par exemple, nous verrons Victor former la gauche de l'armée avec les deux divisions Gardanne et Chambarlhac et la cavalerie de Kellermann en arrière, tandis que la droite est occupée par Lannes avec les divisions Watrin et Monnier et la cavalerie de Champeaux également en arrière : rien du système ternaire..... S'il faut des exemples plus modernes, lisons l'ordre de mouvement du général d'Aurelle pour la bataille de Coulmiers, et le rapport du même général après la bataille,

---

(1) Derrécagaix, *La guerre moderne*, stratégie.

deux documents très nets et très bien rédigés ; il y est bien question de droite et de gauche, d'avant et d'arrière, pour indiquer le sens des mouvements ou les positions respectives des troupes, mais jamais d'ailes, ni surtout de centre. »

« D'ailleurs, pour être logique, il faudrait au lieu de 3 divisions en avoir 4, une pour le centre et pour chacune des deux ailes, et la 4ᵉ à tenir en réserve » (1).

Quant à la question de l'éventualité des détachements d'une division, on peut répondre que les détachements de ce genre doivent être évités comme une faute ou un danger. Marmont et Bugeaud l'ont dit ; l'histoire le prouve surabondamment.

La bataille de Marengo, en 1800, eût été perdue sans le retour du détachement de Desaix. La brigade de Lapasset, en 1870, détachée du 5ᵉ corps à Sarreguemines, est coupée de ce corps pour toute la campagne. « Si d'Aurelle ne tira pas de la victoire de Coulmiers tout le parti que l'on en attendait, c'est bien un peu pour avoir détaché du 15ᵉ corps la division Martin des Pallières. Un exemple plus concluant encore est celui de la bataille de la Katzbach, dans laquelle la division Puthod, détachée par Macdonald pour tourner l'ennemi, fut elle-même enveloppée et détruite ou prise » (2). Lorsqu'ils seront nécessaires, il faudra en charger des troupes spéciales.

Avec les effectifs actuels des divisions, si l'on en plaçait 3 par corps d'armée, ce dernier se composerait de plus de 50,000 hommes et d'une quantité considérable de canons, de chevaux et de voitures. Une pareille masse serait des plus difficiles à manier dans les marches, « car ses divers échelons ne pourraient être rassemblés dans le même jour, sur une seule route, qu'à la condition de réduire sa marche à 2 ou 3 heures, c'est-à-dire à 8 ou 12 kilomètres » (3). De même sur le

---

(1-2) Général Thoumas, *Transformations de l'armée française*.
(3) Derrécagaix, *La guerre moderne*, stratégie.

champ de bataille. Enfin, avec 3 divisions, il faudrait 3 services administratifs, et, de plus, le commandant du corps d'armée aurait 3 intermédiaires au lieu de 2, ce qui nuirait à la rapidité de la transmission des ordres.

Il résulte de tout ce qui précède que :

1° Tous les corps d'armée doivent être composés de la même manière.

2° Ils doivent comprendre chacun 2 divisions d'infanterie.

C'est ce qu'a prescrit la loi du 24 juillet 1873 relative à l'organisation générale de l'armée.

Remarques :

1° « Malgré les avantages du corps d'armée à 2 divisions, on propose depuis quelque temps, en Allemagne, de lui en donner 3, afin, dit-on, de pouvoir disposer sur le terrain d'un plus grand nombre de combinaisons » (1). « Deux divisions, dit à ce sujet le major Merkel, professeur de tactique à l'Académie de guerre de Berlin, ne peuvent être employées que côte à côte, ou l'une derrière l'autre, ce qui conduit toujours à disloquer l'une et quelquefois les deux, quand on veut constituer une réserve ou occuper des points d'un intérêt secondaire. » « Aussi, ne serait-il pas impossible qu'une troisième division vînt, en cas de mobilisation, s'ajouter chez les Allemands aux deux divisions de la formation du temps de paix » (2).

2° « En 1866, au moment de la guerre entre la Prusse et l'Autriche, cette dernière puissance avait cru devoir revenir à l'organisation de son infanterie en brigades, qui, réunies par 4 ou 5, constituaient des corps d'armée. Elle se hâta d'abandonner ce système à la fin de la lutte, en raison de ses inconvénients : une forte brigade, fût-elle munie des services accessoires d'une division, ne peut la remplacer, car elle ne possède qu'un général au lieu de trois, et, s'il vient à man-

---

(1) Derrécagaix, *La guerre moderne*, stratégie.
(2) Général Thoumas, *Transformations de l'armée française.*

quer, le commandement passe au chef de l'un des corps de troupe ; de même, si le commandement d'un corps d'armée, composé de brigades, disparaît, la direction de la grande unité revient à un général de brigade peu accoutumé au maniement de masses importantes » (1).

3° « Un essai plus remarquable est celui de l'armée prussienne dans la même campagne. On se rappelle, en effet, que l'armée commandée par le prince Frédéric-Charles fut alors composée de divisions indépendantes et non de corps d'armée. Il en faut chercher les causes beaucoup moins dans des raisons purement tactiques, que dans des questions de personnes, et dans la nécessité de ne point dégarnir de troupes mobilisées certains points du territoire. La preuve en est dans la mobilisation générale de 1870, où l'on ne songea nullement à une mesure analogue » (2).

En résumé, l'organisation qu'il convient de donner au corps d'armée est la suivante :

1° *Infanterie :* 2 divisions constituées comme il a été vu au chapitre V de la deuxième partie.

2° *Cavalerie :* 2 régiments de cavalerie. Tantôt ils constituent une cavalerie divisionnaire en étant affectés chacun à une division d'infanterie, ainsi que cela se passe en Allemagne ; tantôt ils sont réunis et forment une brigade à la disposition du commandant du corps d'armée, comme cela a lieu en France.

Cette dernière organisation « conforme aux principes constamment appliqués par Napoléon, depuis la campagne d'Italie en 1796, jusqu'à celle de Belgique en 1815, est cependant contraire à l'opinion de plusieurs militaires éminents » (3), comme Gouvion-Saint-Cyr, qui voulait que toutes les fractions d'une armée, grandes ou petites, fussent composées de troupes de toutes armes, afin qu'agissant isolément à l'occasion elles eussent les moyens de s'éclairer ; comme Marmont, qui, dans le même but aurait voulu 700 à 800 cavaliers à chaque division. « Mais on peut objecter à Saint-Cyr et à Marmont que tout a grossi

---

(1) *Cours d'art et d'histoire militaires,* Saint-Cyr, 1re division, 1880-81.
(2) *Cours de tactique d'infanterie,* École de guerre, 2e division, 1878.
(3) Général Thoumas, *Transformations de l'armée française.*

depuis eux, et que c'est bien aujourd'hui au corps d'armée qu'i. convient d'appliquer leur principe » (1).

3° *Artillerie* : Comprenant : 1° L'artillerie affectée aux divisions d'infanterie; 2° L'artillerie de corps destinée à intervenir sur le point décisif au gré du commandant de corps d'armée. « Si on la répartissait entre les divisions comme cela a été plusieurs fois proposé, on retirerait au commandant du corps d'armée son moyen le plus efficace pour imprimer une direction au combat et pour obtenir la supériorité sur le point décisif » (2).

4° *Génie* : Partagé entre les divisions et la réserve du génie du corps d'armée.

5° *Un équipage de ponts; un parc d'artillerie; un escadron du train des équipages pour atteler les convois de subsistances, les voitures de la trésorerie, des postes et télégraphes.*

6° *Quartier général* : « Le corps d'armée possède les organes qui assurent ses besoins. Le général en chef se trouve ainsi débarrassé d'une foule de détails qui avaient autrefois l'inconvénient de paralyser sa pensée et quelquefois ses mouvements. Il n'a plus qu'à diriger les opérations, commander l'ensemble de son corps d'armée, et pourvoir à ses besoins généraux. Cette tâche est encore trop lourde pour un seul homme; il lui faut des adjoints; leur réunion constitue le quartier général..... La transmission même de sa volonté ne peut être de son ressort,..... elle est laissée aux soins du chef d'état-ma-

---

(1) Général Thoumas, *Transformations de l'armée française.*
(2) Derrécagaix, *La guerre moderne*, stratégie.

jor..... et d'un groupe d'officiers spéciaux, aides de camp et officiers d'ordonnance » (1).

Ainsi organisé, « le corps d'armée n'est pas une unité tactique comme la division ; c'est une unité stratégique parce qu'ayant une organisation complète, une existence propre, il peut prendre une initiative limitée seulement par la condition de se conformer au rôle qui lui est attribué dans l'ensemble des combinaisons » (2).

----

(1) Derrécagaix, *La guerre moderne*, stratégie.
(2) *Cours d'art et d'histoire militaires*, Saint-Cyr, 1re division, 1881-82.

QUATRIÈME PARTIE

Organisation des corps d'armée permanents.

CHAPITRE PREMIER.

NÉCESSITÉ DES CORPS D'ARMÉE PERMANENTS.

---

§ 1er. — L'EUROPE JUSQU'EN 1866.

« Aucune époque peut-être n'a vu, dans l'organisation des armées, des changements aussi considérables que la nôtre. C'est à l'année 1866 et aux événements qui l'ont rendue célèbre, qu'il faut faire remonter la date de cette transformation » (1).

« Avant cette époque, les nations européennes possédaient des institutions militaires qui dataient presque toutes de la fin du premier Empire, et qui auraient, pendant longtemps encore, garanti leur sécurité, si l'une d'elles n'était devenue par le nombre de ses effectifs et l'étendue de ses armements un danger pour les autres. »

« Ce qui caractérisait alors les systèmes militaires en vigueur, c'était la conscription et l'exemption du service militaire pour certaines catégories de citoyens, les unes désignées par le sort, les autres au orisées

---

(1) Derrécagaix, *La guerre moderne*, stratégie.

17

à se faire remplacer à prix d'argent..... C'était le système de recrutement national s'étendant à l'ensemble d'un territoire, au lieu du système régional correspondant aux unités tactiques. Pour la France
c'était en outre..... un groupement des forces en temps de paix sans
analogie avec celui du temps de guerre » (1).

« La conséquence de ces institutions était un passage sur le pied de guerre lent et irrégulier, exposant
le pays, en face de voisins plus habiles ou plus actifs,
aux dangers de la défensive et aux malheurs de l'invasion. »

« Pendant qu'il en était ainsi, une seule puissance, la
Prusse, aidée par les événements, guidée par son esprit
pratique et par une ambition longtemps dissimulée, fa-
vorisée par une forte organisation sociale, avait maintenu et perfectionné un système militaire qui avait fait
son salut au commencement du siècle » (2).

§ 2. — RÉSUMÉ DU DÉVELOPPEMENT MILITAIRE
DE LA PRUSSE.

« Pour retrouver l'origine du système militaire prussien, il faut
remonter à l'année 1806. A ce moment, le vainqueur d'Iéna avait
réduit à 40,000 hommes l'effectif de l'armée vaincue. »

« Mais, profitant des agitations de l'Europe, celle-ci put se reconstituer promptement » (3) en faisant passer le plus d'hommes possible
sous les drapeaux et ne les gardant que le temps nécessaire à leur
instruction. A Bautzen, 7 ans après sa défaite, la Prusse disposait de
200,000 hommes.

L'année suivante, en 1814, l'organisation fut définitivement basée
sur le principe du service obligatoire. Le temps fut décomposé en :
1° Armée active, réserve; 2° Premier ban de la landwehr; 3° Deuxième
ban de la landwehr. — L'armée active comprenait 5 classes, dont 3 au
régiment, et 2 en congé (réserve) qui n'étaient soumises à aucun exer-

____

(1-2-3) Derrécagaix, *La guerre moderne*, stratégie.

cice ; les régiments de landwehr du premier ban étaient réunis 2 fois par an pendant une semaine ou deux pour des manœuvres d'ensemble, et des exercices individuels avaient lieu tous les dimanches. — L'armée était répartie en corps d'armée sur tout le territoire. — En cas de mobilisation, armée active, réserve et premier ban de landwehr devaient marcher côte à côte et étaient embrigadés ensemble, chaque brigade se composant d'un régiment de l'armée active renforcée par la réserve, et d'un régiment du premier ban de la landwehr ; 500,000 hommes pouvaient ainsi entrer en ligne. — « On soumit la qualité d'officier à des examens sérieux, on permit à chaque corps d'officiers de donner son suffrage pour l'admission d'un nouvel officier dans son sein ; enfin, on ne prit dans les rangs que des nationaux » (1). Telle fut l'œuvre du général Scharnhorst.

« Le premier essai de ce système eut lieu en 1848 à l'occasion de la guerre du Schleswig. L'Allemagne n'ayant pas encore de chemins de fer, la levée et la concentration de la landwehr s'opéra très lentement ; la cavalerie, d'ailleurs, devait acheter ses chevaux avant de se mettre en route, et comme aucune brigade ne pouvait partir sans son régiment de landwehr, la mobilisation des corps d'armée fut très pénible » (2).

« Vint 1859 ; les rapides progrès de nos armes en Italie nous avaient conduits sur l'Adige. La Prusse avait refusé jusque-là son concours à l'Autriche, parce que celle-ci voulait donner le commandement des contingents de la confédération à l'un de ses généraux. La Prusse voulait fournir le commandement en chef ; Solférino fit céder l'Autriche. Le prince Frédéric-Guillaume de Hohenzollern, devenu plus tard Empereur d'Allemagne, était alors régent depuis 1858, son frère, le roi, ayant perdu la raison. Il fut reconnu généralissime ; son gouvernement demanda aux Chambres 40 millions de thalers et 25 0/0 d'augmentation sur l'impôt du revenu ; les 9 corps d'armée dont se composait l'armée prussienne furent mobilisés. — L'armée régulière était bonne ; elle fut prête rapidement. Mais son embrigadement avec la landwehr paralysait tout. Cette landwehr donnait d'ailleurs un fâcheux spectacle : son enthousiasme indépendant qui s'échauffait volontiers au coin du feu se trouva figé tout à coup, dès qu'il fallut tenir la campagne. La mobilisation traînait en longueur comme en 1848, et de

---

(1) *Considérations sur l'armée allemande*, lieutenant-colonel de Polignac, 1877.
(2) *L'armée prussienne*, par M. Lahaussois.

tristes exemples d'insubordination éclataient de différents côtés..... La paix de Villafranca effaça vite ce pénible tableau, qui n'avait pas duré plus de quelques semaines » (1).

Frédéric-Guillaume sachant ce que valent le nombre des soldats, une bonne armée, une discipline solide et des généraux de choix, un de ses premiers soins fut de réorganiser l'armée en 1860.

La réorganisation de 1860 est une des phases les plus remarquables du développement de l'armée prussienne; elle la portait à plus de 600,000 hommes et lui donnait la forme suivante : 1° Armée active comprenant 7 classes; 2° Landwehr toujours composée de 2 bans. — Mais elle ne se bornait pas à une élévation d'effectifs. « La réorganisation de 1814 ne cherchait qu'à obtenir de gros bataillons avec un faible budget, et pour y parvenir elle imposait à l'armée un système de mobilisation défectueux; celle-ci, en effet, était subordonnée au concours de la landwehr, et cet embrigadement avec la landwehr était une chose nuisible, on l'avait déjà constaté. La réorganisation de 1860 affranchit l'armée de cette sujétion, en permettant de former les effectifs de guerre au moyen des réserves seules, et la landwehr ne fut plus employée en première ligne aux armées. - En même temps, on perfectionna les armes à feu » (2).

« La Prusse était ainsi en état, au moment d'une guerre, d'ajouter à sa supériorité numérique celle de son armement; puis, au moyen de ses chemins de fer et des réseaux de l'État construits spécialement en vue des transports militaires, elle se mit en mesure de réaliser ces avantages plus vite que toute autre puissance, et d'entrer en campagne avant tous ses voisins » (3).

§ 3. — 1866, SADOWA.

Tous ces changements « donnaient à l'armée prussienne des qualités offensives qui, perfectionnées par une instruction technique et une éducation militaire des mieux entendues, assuraient sa suprématie..... Leur importance pratique aurait dû frapper tous les autres

---

(1) *Considérations sur l'armée allemande*, lieutenant-colonel de Polignac, 1877.

(2-3) Derrécagaix, *La guerre moderne*, stratégie.

peuples..... Mais aveuglés par l'éclat de leur ancienne gloire comme la France, ou trompés par la force apparente de leurs armées, ils s'obstinaient au contraire dans les errements du passé, et, considérant l'organisation militaire des Prussiens comme inférieure et défectueuse,..... ils ne voulaient voir dans leurs troupes qu'une variété de milices incapables de tenir contre les armées actives des autres pays » (1).

« La guerre de Bohême en 1866, dans laquelle on vit les Prussiens triompher si rapidement de leurs adversaires, vint dessiller tous les yeux et dissiper toutes les illusions. Son retentissement fut universel ; il fallut alors se rendre à l'évidence : le système militaire de la Prusse, perfectionné par une application constante, encouragé par un gouvernement éclairé, placé au premier rang des institutions nationales, fortifié par le maintien prolongé des chefs militaires dans leurs fonctions et par le culte des traditions, était arrivé à un développement tel, qu'il avait permis à cette nation de braver la volonté de tous les confédérés allemands et de les soumettre à ses lois.............. Les autres puissances surprises par ces événements étudièrent alors avec plus d'attention cet État militaire qui venait de surgir avec tant d'éclat au centre de l'Europe. Son organisation leur a depuis servi de modèle pour asseoir leurs institutions militaires sur de nouvelles bases. Mais ce n'est pas seulement le prestige des succès des Prussiens qui les a poussées dans

---

(1) Derrécagaix, *La guerre moderne*, stratégie.

cette voie; elles y ont été forcées par ce fait, que l'organisation allemande devenait par sa force un danger pour leur indépendance » (1).

« Telle a été la cause des transformations militaires effectuées depuis 1866 en Europe. Au fond c'était une question de vie ou de mort..... Aujourd'hui, sauf l'Angleterre qui est protégée par son isolement, sauf quelques petits États dont l'existence semble garantie par des traités, toutes les puissances ont adopté peu à peu des systèmes militaires analogues » (2).

§ 4. — CHANGEMENTS IMPOSÉS PAR LA BATAILLE DE SADOWA, ET PRINCIPES GÉNÉRAUX DES INSTITUTIONS MILITAIRES ACTUELLES.

« Les organisations militaires actuelles sont caractérisées par :

1° L'obligation générale du service ;

2° La réduction du temps passé sous les drapeaux ;

3° La faiblesse des effectifs de paix ;

4° L'élévation des effectifs de guerre.

Tout cela, afin d'obtenir comme l'Allemagne le plus grand nombre possible de combattants.

Un des principes fondamentaux..... est d'avoir dès le temps de paix les forces militaires groupées comme en temps de guerre » (3), et les unités qui les constituent, aussi bien tactiques que stratégiques, stationnées sur le territoire même d'où elles doivent tirer leur complet de

---

(1-2-3) Derrécagaix, *La guerre moderne*, stratégie.

guerre en hommes, chevaux, matériel et approvisionnements de toute sorte.

Il en résulte donc pour le corps d'armée la nécessité
qu'il existe déjà dès le temps de paix, que ses divers
organes soient créés et qu'ils fonctionnent régulièrement, si l'on veut qu'il soit constitué en temps de guerre
le plus rapidement possible et qu'il possède le maximum
de cohésion. « L'immense mouvement qui, au moment
d'une guerre, déplacera subitement dans les grandes
puissances plus d'un million d'hommes, se trouvera
ainsi divisé à l'avance en une foule de petits mouvements locaux de peu d'étendue. L'opération complexe
qui en résultera sera, par suite, simplifiée et accélé-
rée » (1).

____

(1) Derrécagaix, *La guerre moderne*, stratégie.

CHAPITRE II.

SYSTÈME ADOPTÉ PAR LA FRANCE.

En France, la réforme fut timide. « Le 20 janvier
1867, lorsque le maréchal Niel, qui avait gardé le sou-
venir du désordre présenté par l'armée d'Italie au début
de la campagne de 1859, fut appelé comme ministre de
la guerre à reconstituer les forces défensives du pays,
son attention fut attirée tout d'abord sur la nécessité de
la permanence des grandes unités de l'armée. Ne voulant pas trahir les inquiétudes qu'il éprouvait au sujet
de l'éventualité d'une guerre imminente à ses yeux, en
ébauchant une organisation que les événements ne lui
auraient peut-être pas laissé le temps d'achever, il es-
saya, du moins, de remédier autant que possible aux
difficultés de la situation » (1).

Le système qu'il fit adopter en 1868 « admettait le service obligatoire sans oser l'appliquer. La création de la
garde nationale mobile caractérise la loi votée à cette

____

(1) Général Thoumas, *Transformations de l'armée française.*

époque. Ce nouvel élément de défense n'existait que sur le papier, et les troupes qui le composaient n'avaient même pas à fournir une journée réelle de présence sous les armes. On se donna ainsi l'illusion des gros effectifs en maintenant les errements du passé. Ce fut une des causes de nos revers de 1870 » (1).

Après cette guerre funeste, il fallut bien se rendre à l'évidence et adopter le système militaire allemand dans ses traits essentiels, comme nous aurions dû le faire dès 1866.

Le recrutement régional n'a cependant pas été adopté. « On a reculé devant des considérations d'ordre divers; on a préféré un système mixte qui maintient les anciens procédés de recrutement en permettant une mobilisation régionale » (2).

Par le décret du 28 septembre 1873, la France a été divisée en 18 régions de corps d'armée. Un décret de même date crée en Algérie un corps d'armée qui porte le n° 19, paraît semblable aux corps d'armée de France, mais est en réalité différent et organisé d'une manière particulière. Chacune de ces régions sert de territoire à un corps d'armée, commandé par un général de division dont le commandement ne doit durer que 3 ans, sauf si un décret spécial, rendu en conseil des Ministres, en prolonge les pouvoirs. Elle possède ses magasins d'approvisionnement, dans lesquels se trouvent les effets d'habillement, d'armement, de harnachement, d'équipement et de campement. Un officier général est désigné

(1-2) Derrécagaix, *La guerre moderne*, stratégie.

d'avance pour prendre le commandement de chaque région, après le départ du corps mobilisé.

Le recrutement de l'armée active est national, c'est-à-dire a lieu sur tout l'ensemble du territoire. Mais, d'après la loi du 15 juillet 1873, le système qui consiste à la renforcer par les hommes de la disponibilité et de la réserve est régional ; de même en ce qui concerne l'armée territoriale, pour laquelle chaque région de corps d'armée forme sa circonscription de recrutement.

Il en résulte que « les régiments continuent à être composés d'hommes de pays différents ; mais, revenu dans ses foyers, le soldat est incorporé comme réserviste dans le régiment de la subdivision où il a son domicile. De même, quand il passe de la réserve dans l'armée territoriale, il fait partie du régiment territorial de la subdivision où il a son domicile » (1) ; seuls, l'artillerie, la cavalerie, le génie, le train des équipages et les autres services se recrutent, en cas de mobilisation, sur l'ensemble de la région du corps d'armée.

Armée territoriale. — Les cadres de l'armée territoriale sont constitués en tout temps, mais l'effectif permanent ne comprend que le personnel chargé de l'administration et de la comptabilité. Chaque subdivision de région fournit 1 régiment d'infanterie à 3 bataillons de 4 compagnies, plus 1 compagnie de dépôt. Chaque région fournit :

1 régiment d'artillerie,

---

(1) Dussieux, *L'armée en France.*

1 bataillon du génie,

1 escadron du train.

« Aux termes de l'article 49 de la loi des cadres, il sera formé, dans chaque région, un nombre d'escadrons de cavalerie qui dépendra des ressources en chevaux du territoire. Il pourra être formé des escadrons de cavaliers volontaires avec les militaires de l'armée territoriale qui s'engageront à s'équiper et à se monter à leurs frais. Combien d'escadrons territoriaux va-t-on pouvoir former à l'aide de ces ressources? Dans certaines régions, on compte pouvoir en former 8 : 4 de dragons et 4 de cavalerie légère; soit 2 régiments. Dans toutes, les cadres existent pour 8 escadrons ou à peu près; l'annuaire nous l'indique; mais rien ne prouve que ces escadrons pourront tous être montés. Nous supposerons qu'on pourra en monter 4 par région. Notre cavalerie territoriale nous donnera alors 18 régiments à 4 escadrons » (1).

Nous ne tenons pas compte des escadrons qu'on formerait en Algérie, parce que ces escadrons ne pourraient certainement pas quitter la colonie en cas de guerre continentale. »

D'où il résulte que l'armée territoriale ou de 2e ligne doit, en cas de mobilisation, fournir :

> 145 régiments d'infanterie (8 par région, sauf pour la 15° qui en fournit 9, en raison de l'étendue de la subdivision d'Aix).

> 18 régiments d'artillerie,

---

(1) *A travers la cavalerie.*

18 bataillons du génie,

18 escadrons du train.

Et enfin, un nombre de régiments de cavalerie qui dépendra des ressources chevalines du pays, et que nous avons estimé à 18, afin de rester plutôt en deçà de l'étendue réelle de ces ressources.

« L'article 34 de la loi du 24 juillet 1873, porte que les corps de troupe qui font partie de l'armée territoriale peuvent être affectés, en temps de guerre, à la garde des places fortes, aux postes et aux lignes d'étapes, à la défense des côtes et des points stratégiques; ils peuvent aussi être formés en brigades, divisions et corps d'armée, destinés à tenir campagne. Enfin, ils peuvent être détachés pour faire partie de l'armée active » (1).

Remarques :

1° Beaucoup d'écrivains réclament la création du grade de commandant de corps d'armée qui existe dans plusieurs armées européennes, en faisant remarquer que, du moment que 3 unités placées sous les ordres de généraux (brigades, divisions, corps d'armée) existent à l'état permanent en temps de paix, il semblerait logique d'instituer 3 catégories d'officiers généraux pour les commander.

2° « On a parfois critiqué le tracé actuel des régions de corps d'armée au point de vue des difficultés de la concentration....., et réclamé une nouvelle distribution du territoire. On a tracé, sur la carte de France, des bandes longues et étroites, parallèles aux lignes de chemins de fer, ou plutôt des secteurs allongés ayant pour axes les principaux rayons du réseau des chemins de fer se dirigeant du centre vers la circonférence, et l'on a proposé de prendre chacun de ces secteurs pour la circonscription d'un corps d'armée. On a pensé faciliter ainsi la concentration en mettant chaque ligne ferrée à la disposition exclu-

---

(1) Général Thoumas, *Transformations de l'armée française.*

sive du corps d'armée qui en serait pour ainsi dire le riverain, et assurer en même temps avec avantage la défense de la frontière, répartie entre un plus grand nombre de corps d'armée....... Mais la disposition longitudinale des régions serait certainement nuisible à la mobilisation en éloignant davantage les réservistes de leur lieu de convocation. D'autre part, nous ne voyons aucun avantage à détruire l'unité de la défense de la frontière en la partageant entre plusieurs corps d'armée, et nous pensons, qu'au contraire, il y a d'assez gros inconvénients à exposer aux tentatives de l'ennemi la mobilisation de plusieurs corps d'armée, au lieu d'un seul dans lequel on peut prendre des dispositions exceptionnelles » (1).

3° On demande de substituer le recrutement purement régional à notre système bâtard, en partie régional, en partie national. « Il semble être la conséquence et le complément nécessaire de l'organisation des corps d'armée permanents » (2). De remarquables études, signées G. L. M., sur notre organisation militaire, ont démontré qu'il permettait 1° de ramener périodiquement l'effectif de paix à son chiffre normal par l'incorporation du contingent annuel, 2° de maintenir en permanence cet effectif au complet, malgré les déficits accidentels qui peuvent se produire à chaque instant pour des causes diverses, 3° d'assurer à cet effectif de paix une valeur toujours la même, 4° d'assurer à la mobilisation, la précision, l'ordre et la rapidité nécessaires à cette opération délicate ; enfin qu'il serait très avantageux pour l'instruction, la discipline et la moralité des troupes.

« Cependant le recrutement régional a encore de nombreux adversaires en France. Les uns n'en veulent pas, parce qu'il est d'importation prussienne ; d'autres, tout simplement parce que c'est une innovation ; d'autres parce qu'il entraînerait naturellement comme conséquence la permanence des garnisons, dont ils ne veulent pas .. Des trois motifs que je viens de citer, je ne dirai rien, parce que sur les deux premiers il n'y a rien à dire. Quant à la permanence des garnisons, elle serait un bien pour la mobilisation. »

« Parmi les arguments plus sérieux, ou tout au moins valant la peine d'être discutés, en voici un que l'on manque rarement de présenter en première ligne : avec le recrutement régional, les pertes subies à la guerre ne sont plus réparties, au hasard, sur l'ensemble de la nation, elles frappent un même centre de population. — D'abord, les régiments détruits à la guerre sont de très rares exceptions, et sur-

---

(1-2) Général Thoumas, *Transformations de l'armée française.*

tout, on abuse très volontiers, dans les récits de bataille, de ce mot que bien des gens ont la naïveté de prendre au pied de la lettre. On leur dit qu'un régiment a été détruit tel jour ; ils en concluent que tous les hommes de ce régiment ont été tués jusqu'au dernier.... Or, rien n'est plus faux.... Dans la langue militaire, un régiment détruit, c'est un régiment dont les pertes sont telles, dont la désorganisation surtout est si complète, qu'il ne reparaît plus de la journée sur le terrain de l'action. Cela ne veut pas dire que tous ses soldats, ni même que la majorité de ses soldats aient été tués..... Une perte égale à la moitié de l'effectif est quelque chose d'énorme à la guerre, et aussi de très rare.... Tout cela est d'autant plus vrai qu'il s'agit d'une troupe plus nombreuse.... Puis, la destruction d'un régiment impliquât-elle la mort de tous ou presque tous les individus qui le composent, on ne saurait en conclure que c'est un régiment dépeuplé. Dans l'organisation du recrutement régional, telle qu'elle existe en Allemagne, un canton ou plutôt un district de landwehr, n'envoie pas tous ses jeunes gens dans un seul et même régiment.... Enfin, si cette objection était sérieuse, notre système serait aussi condamnable que celui des Allemands, car dans un régiment sur le pied de guerre, la portion fournie par le recrutement général ne forme, du total, qu'une fraction presque insignifiante ; l'immense majorité, représentée par les réservistes et les hommes de la 2ᵉ portion, se recrute régionalement.... Si ces effets étaient aussi désastreux qu'on veut bien le dire, il faudrait renoncer au recrutement régional pour les réserves comme pour le reste, et revenir purement et simplement au système d'avant 1870, ce que personne, je suppose, n'oserait sérieusement proposer aujourd'hui » (1).

Une autre objection est la suivante : « Est-il bon de faire des corps d'armée de Bretons, de Normands, de Parisiens ? La diversité des races en France est telle, que les défauts des uns sont amoindris par les défauts des autres.... Fondues, toutes les nuances s'harmonisent ; séparées, ne risquerait-on pas de les voir se heurter ? » (2). « Ces affirmations sont très soutenables et même fort justes, je le reconnais.... Mais le tout est de savoir si, pour avoir le plus d'homogénéité possible dans l'armée, on doit aller jusqu'à renoncer aux avantages du système régional.... D'ailleurs, son importance militaire est si haute aux yeux des

---

(1) *Études sur quelques points de notre organisation militaire et les réformes à y introduire*, par G. L. M.

(2) M. Amédée Le Faure, *Les lois militaires de la France*.

Allemands que, malgré les divisions irritantes et dangereuses entre Bavarois, Hessois, Badois, Prussiens, catholiques et protestants, ils ne voudraient y renoncer pour rien au monde » (1).

« Quant à l'objection relative aux garnisons des grandes villes en général, et de la capitale en particulier, on peut l'écarter complètement en conservant, à côté des corps d'armée régionaux, un corps qui se recrute sur tout l'ensemble du pays.... comme la garde en Allemagne » (2).

(1-2) *Études sur quelques points de notre organisation militaire et les réformes à y introduire*, par G. L. M.

CINQUIÈME PARTIE

Composition d'ensemble de l'armée allemande dans la guerre de 1870-71.

§ 1er. — AU DÉBUT DE LA GUERRE.

La Prusse disposait des 16 corps d'armée suivants :

1er corps,	(1re division, de Bentheim.
de Manteuffel.	(2e division, de Pritzelwitz.
2e corps,	(3e division, de Hartmann.
de Fransecky.	(4e division, Hann de Weihern.
3e corps,	(5e division, de Stülpnagel.
d'Alvensleben II.	(6e division, de Buddenbrock.
4e corps,	7e division, de Gros dit de Schwartzhoff.
d'Alvensleben I.	8e division, de Schöler.
5e corps,	(9e division, de Sandrart.
de Kirchbach.	(10e division, de Schmidt.
6e corps,	(11e division, de Gordon.
de Tümpling.	(12e division, de Hoffmann.
7e corps,	(13e division, de Glumer.
de Zastrow.	(14e division, de Kamecke.

8e corps, de Gœben.	15e division, de Weltzien.
	16e division, de Barneków.
9e corps, de Manstein.	18e division, de Wrangel.
	Division hessoise, n° 25, Louis de Hesse.
10e corps, de Woigts-Rhetz.	19e division, de Schwartzkoppen.
	20e division, de Kraatzkoschlau.
11e corps, de Bose.	21e division, de Schachtmeyer.
	22e division, de Gersdorf.
Garde, prince Auguste de Wurtemberg.	1re division, de Pape.
	2e division, de Budritzki.
	Division de cavalerie, de Goltz.
1er corps Bavarois, de Tann-Rathsamhausen.	1re division, de Stephan.
	2e division, de Schumacher.
	Brigade de cuirassiers.
2e corps Bavarois, de Hartmann.	3e division, de Walther.
	4e division, de Bothmer.
	Brigade de uhlans.
12e corps (Saxon), prince royal de Saxe.	23e division, prince Georges de Saxe.
	24e division, Nehroff de Holdelberg.
	12e division de cavalerie.
Corps mixte, de Werder.	Division badoise, de Beyer.
	Division wurtembergeoise, d'Obernitz.

« Chaque corps d'armée comprenait 2 divisions d'infanterie, 1 bataillon de chasseurs, 1 bataillon de pionniers et l'artillerie de corps. — Chaque division d'infanterie comprenait 2 brigades d'infanterie,

1 régiment de cavalerie et 4 batteries d'artillerie. La force totale du corps d'armée était de 32,000 hommes avec 84 bouches à feu. »

« L'armée allemande comprenait en outre 6 divisions de cavalerie, à 2 et 3 brigades, ayant chacune 2 batteries d'artillerie à cheval » (1) :

1re division de cavalerie, de Hartmann.

2e division de cavalerie, de Stolberg-Wernigerode.

3e division de cavalerie, de Gröben.

4e division de cavalerie, prince Albrecht de Prusse (père).

5e division de cavalerie, de Rheinbaden.

6e division de cavalerie, duc Guillaume de Mecklembourg-Schwerin.

« Les 1er, 2e et 6e corps, furent momentanément maintenus en Prusse pour surveiller la frontière autrichienne et les côtes de la Baltique ; les treize autres corps furent immédiatement dirigés sur le Rhin et répartis en 3 armées, placées sous le commandement supérieur du roi » (2).

A droite, la première armée, sous les ordres de Steinmetz, avait la composition suivante :

7e corps.

8e corps.

3e division de cavalerie.

Plus tard vinrent s'y ajouter le 1er corps à partir de Forbach, et la 1re division de cavalerie.

« Sa mission consistait à former, dans les premières marches stratégiques, l'aile droite du groupe d'armées

---

(1-2) *Cours d'art et d'histoire militaires*, Saint-Cyr, 2e division, 1883-84.

qui allait s'avancer entre le Rhin et la Moselle ; elle était au complet et en position sur la Sarre le 6 août » (1).

La deuxième armée, sous les ordres du prince Frédéric-Charles, avait la composition suivante :

3ᵉ corps.
4ᵉ corps.
10ᵉ corps.
Garde.
5ᵉ division de cavalerie.
6ᵉ division de cavalerie.

Le 9ᵉ corps et le 12ᵉ corps (Saxons), échelonnés au début en réserve derrière la deuxième armée, la rejoignirent après les premiers succès.

Plus tard, vint encore s'y ajouter le 2ᵉ corps qui arriva dans la soirée du 18 août sur le champ de bataille.

« Elle devait former le centre et en même temps le corps principal du groupe des trois armées. Au lieu de la limiter à un effectif moyen de 150,000 hommes, par exemple, de Moltke estima que les circonstances devaient lui faire attribuer des effectifs bien supérieurs. D'abord, il évaluait les forces françaises concentrées sur la Moselle, à 250,000 hommes environ. De plus, il savait que les Vosges sépareraient pendant quelques jours l'ensemble des armées allemandes en deux masses ; que la masse de droite, formée des 1ʳᵉ et IIᵉ armées, était exposée non seulement à supporter tout le choc des corps rassemblés sous Metz, mais

______

(1) Derrécagaix, *La guerre moderne*, stratégie.

encore à voir se rabattre sur son flanc gauche les troupes que nous avions laissées en Alsace. Cette idée, conforme au principe tactique qui veut que les corps détachés se replient sur leurs renforts, persista dans l'esprit des généraux prussiens jusqu'au lendemain de Frœschwiller. Elle fut cause, en partie, de la perte du contact par la cavalerie de la IIIe armée, le 7 août, et contribua au salut des débris de notre 1er corps. Il résultait de ces considérations que, pour être certain d'avoir en toute occasion la supériorité numérique, le centre du groupe d'armées allemand devait être très fort. Une dernière raison s'ajoutait aux précédentes : le camp retranché de Metz se trouvait sur la ligne d'opérations des 1re et IIe armées ; il fallait donc prévoir le cas d'un refoulement de l'armée française sous les murs de cette place, et, par suite, la nécessité de l'investir » (1).

« C'est ainsi qu'on en vint à constituer cette IIe armée, d'abord avec 6 corps, dont 2, la garde et le corps saxon, avaient un effectif très élevé, puis bientôt avec 7, par l'adjonction du 2e..... On voit la masse que de Moltke pouvait opposer aux 5 corps d'armée français qu'il savait rassemblés sur la Sarre et la Moselle..... C'était là le fond de sa combinaison » (2).

« Il y avait donc là un seul général en chef avec une masse formidable, bien supérieure à l'effectif moyen de 150,000 hommes. Mais l'action du commandement suprême était singulièrement facilitée par la décentralisation de l'initiative, par l'habitude qu'avaient les géné-

---

(1-2) Derrécagaix, *La guerre moderne*, stratégie.

raux de ne recevoir, dans les ordres, que des indications générales, et de décider par eux-mêmes tous les détails d'exécution » (1).

« La IIIe armée, sous le prince royal de Prusse, devait former une aile, agir isolément au début, et peut-être protéger l'Allemagne du Sud ;..... elle était destinée à occuper la ligne de communications la plus importante du groupe d'armées : celle de Strasbourg à Paris. Pour toutes ces raisons, elle devait être assez forte » (2). En conséquence, on la composa ainsi :

5e corps.
11e corps.
1er corps bavarois.
2e corps bavarois.
Corps mixte (Badois-Wurtembergeois).
4e division de cavalerie.

Plus tard vinrent s'y ajouter le 6e corps et la 2e division de cavalerie.

Après Frœschwiller, l'Alsace étant découverte par la retraite de nos 1er, 5e et 7e corps, tandis que le gros de la IIIe armée marche sur les Vosges, la division badoise est détachée du corps mixte et dirigée sur Strasbourg où elle est bientôt renforcée par des divisions de landwehr venues d'Allemagne. Le commandement de toutes ces troupes, environ 60,000 hommes, est donné au général de Werder.

(1-2) Derrécagaix, *La guerre moderne*, stratégie.

§ 2. — APRÈS LA JOURNÉE DU 18 AOUT ET LA RETRAITE DE L'ARMÉE FRANÇAISE SOUS METZ.

L'organisation des armées allemandes fut modifiée. La plus grande partie des troupes constituant les 1re et IIe armées, fut chargée d'investir l'armée française et la place de Metz; le commandement en chef en fut donné au prince Frédéric-Charles. Elles comprenaient :

$$1^{\circ}\ 1^{\text{re}}\text{ armée}\ \left\{\begin{array}{l} 1^{\text{er}}\text{ corps.} \\ 7^{\text{e}}\ \text{—} \\ 8^{\text{e}}\ \text{—} \end{array}\right.$$

$$2^{\circ}\ \text{II}^{\text{e}}\text{ armée}\ \left\{\begin{array}{l} 2^{\text{e}}\text{ corps.} \\ 3^{\text{e}}\ \text{—} \\ 9^{\text{e}}\ \text{—} \\ 10^{\text{e}}\ \text{—} \end{array}\right.$$

Plus tard, cette IIe armée fut renforcée par le 13e corps comprenant une division d'infanterie et une division de landwehr, et commandé par le grand-duc de Mecklembourg-Schwerin.

$$3^{\circ}\ \left\{\begin{array}{l} 1^{\text{re}}\text{ division de cavalerie.} \\ 3^{\text{e}}\ \text{—}\qquad \text{—} \end{array}\right.$$

Les autres formèrent la IVe armée dite « armée de la Meuse » dont le commandement en chef fut donné au prince royal de Saxe. Elle était forte d'environ 80,000 hommes et comprenait :

$$\left.\begin{array}{l} 4^{\text{e}}\text{ corps} \\ 12^{\text{e}}\text{ corps} \\ \text{Garde} \end{array}\right\}\text{ distraits de la II}^{\text{e}}\text{ armée.}$$

5e division de cavalerie.
6e division de cavalerie.

Cette IVe armée fut chargée des opérations contre l'armée de Châlons, conjointement avec la IIIe armée, à ce moment forte de 150,000 hommes, et comprenant :

> 5e corps.
>
> 6e corps.
>
> 11e corps.
>
> 1er corps bavarois.
>
> 2e corps bavarois.
>
> Division Wurtembergeoise.
>
> 2e division de cavalerie.
>
> 4e division de cavalerie.

§ 3. — APRÈS LA BATAILLE DE SEDAN (1er SEPTEMBRE), LA CAPITULATION DE STRASBOURG (28 SEPTEMBRE), ET LA CAPITULATION DE METZ (27 OCTOBRE).

Après Sedan, le 11e corps et le 1er corps bavarois furent laissés à la garde des prisonniers, tandis que le reste des IIIe et IVe armées marchait sur Paris. Un peu plus tard le 11e corps vint renforcer le blocus de la capitale, et le 1er corps bavarois rejoignit également la IIIe armée.

« En même temps que les IIIe et IVe armées s'établissaient devant Paris, le grand état-major général, informé de la réunion de quelques forces françaises dans la direction de Lille et de Rouen, se borna à couvrir l'armée d'investissement en faisant occuper la ligne du Thérain par un détachement mixte composé de la 12e division de cavalerie saxonne et de quelques bataillons d'infanterie et placé sous le commandement du comte de Lippe, tandis que le prince Albrecht (fils) s'établissait sur la ligne de l'Epte avec un détachement analogue » (1). Opérant de concert, ils pouvaient réunir à un moment donné environ 8,000 hommes.

La capitulation de Strasbourg rendit disponible l'armée d'investissement dont la majeure partie constitua à partir de cette époque le 14e corps, commandé par le général de Werder. Tandis que le reste des troupes provenant du corps de siège (division Treskow et division Schmeling) assiégeait Belfort et les places fortes du sud de l'Alsace, de Werder descendit des Vosges occidentales dans le bassin de la Saône pour repousser les corps français en voie d'organisation dans l'est, et reçut des renforts d'Allemagne.

La capitulation de Metz ayant rendu les 1re et 11e armées disponibles, la 1re armée, aux ordres du général de Manteuffel, fut envoyée sur l'Oise, « de manière à venir occuper une position intermédiaire entre les forces françaises du Nord et celles de Normandie, empêcher leur jonction et les battre séparément » (2). Forte de 45,000 hommes environ, elle comprenait :

1er corps.

8e —

3e division de cavalerie.

On n'y voit pas figurer le 7e corps, parce qu'il fournissait la garnison de Metz et avait fait commencer le siège de Thionville. Plus tard,

---

(1-2) *Cours d'art et d'histoire militaires*, Saint-Cyr, 2e division, 1883-84.

il fournit les corps de siège de Montmédy et des autres places en arrière des troupes actives.

Cette 1re armée fut renforcée, vers le 15 décembre, par une division de réserve (général de Senden). Le 7 janvier, elle changea de chef : appelé au commandement de l'armée du Sud, dont nous verrons plus loin la constitution, le général de Manteuffel fut remplacé par le général de Gœben. Les deux détachements mixtes du comte de Lippe et du prince Albrecht (fils) étaient confondus avec elle.

Le prince Frédéric-Charles se porta sur la Loire avec la IIe armée et la 1re division de cavalerie, c'est-à-dire environ 60,000 hommes.

§ 4. — SUR LA LOIRE.

Le général von der Tann ayant sous son commandement :

    1er corps bavarois.
    22e division d'infanterie détachée du 11e corps.
    2e division de cavalerie.
    4e   —

marche sur Orléans et y entre après une série de combats. Puis la 22e division d'infanterie et la 4e division de cavalerie, commandée par von Wittich, dont le maintien sur la Loire paraissait inutile, sont rappelées vers Paris, et von der Tann reste à Orléans avec le 1er corps bavarois et la 2e division de cavalerie.

Après l'échec de Coulmiers (9 novembre), von der Tann passa sous les ordres du grand-duc de Mecklembourg-Schwerin, qui reçut l'ordre de concentrer ses forces et de se porter à sa rencontre.

Le grand-duc de Mecklembourg-Schwerin, ayant désormais sous son commandement environ 100,000 hommes, constitués par :

    1ᵉʳ corps bavarois.

    17ᵉ division d'infanterie (du 13ᵉ corps, troupes de landwehr).

    22ᵉ division d'infanterie détachée du 11ᵉ corps.

    2ᵉ division de cavalerie.

    4ᵉ   —   —

    5ᵉ   —   —

    6ᵉ   —   —

fut chargé de couvrir le blocus de Paris du côté de l'ouest jusqu'à la route de Chartres, tandis que la 11ᵉ armée, invitée par télégramme à hâter sa marche, était chargée du même soin du côté du Sud.

Quelque temps après, le grand-duc de Mecklembourg opéra sa jonction avec le prince Frédéric-Charles, pour attaquer nos forces dans le camp retranché d'Orléans.

Après l'évacuation d'Orléans par les troupes françaises et une période d'indécision complète de la part des Allemands, le grand-duc de Mecklembourg fut chargé de la poursuite de la 2ᵉ armée de la Loire vers la Sarthe.

Puis, la direction de Bourges inquiétant le grand état-major allemand, celui-ci ne voulut pas s'engager à fond vers le général Chanzy avant d'être fixé de ce côté.

En conséquence, Orléans devint le centre d'observation de la IIe armée, et Chartres celui du grand-duc de Mecklembourg.

Quelque temps après, afin d'empêcher la jonction du général Chanzy avec l'armée du général Bourbaki, la IIe armée, grossie des troupes du grand-duc de Mecklembourg, reçut l'ordre de marcher sur le Mans. Le prince Frédéric-Charles eut le commandement en chef des troupes qui comprenaient :

13e corps.

3e —

9e —

10e —

4 divisions de cavalerie.

Après la bataille du Mans et la retraite de Chanzy sur la Mayenne, le grand-duc de Mecklembourg fut porté sur Alençon, puis sur Rouen.

§ 5. — DANS L'EST.

Vers le milieu de décembre, le général Zastrow avec la 13e division et l'artillerie du 7e corps fut porté près d'Auxerre pour appuyer au besoin le corps du général de Werder.

« Peu après, le grand quartier général ayant reçu avis de la formation de l'armée française qui, de Nevers et de Bourges, devait marcher sur Chalon-sur-Saône, ordonna au général Zastrow de se porter sur Montbard, afin d'être plus à même de soutenir le corps du général de Werder. En même temps, 2 régiments de renfort étaient envoyés de Metz et de Chaumont sur ce dernier point ».

« Bientôt (janvier 1871) les rapports donnant à penser que le général Bourbaki allait tenter un mouvement sur la capitale, le général Zastrow fut rappelé à Auxerre, et, le 2ᵉ corps, tiré de l'armée d'investissement de Paris, fut porté à Montargis » (1).

« Mais le plan réel du général français devenant évident pour les Allemands, les dispositions furent encore une fois modifiées, et on décida la formation d'une grande armée, dite armée du Sud » (2), composée des

    2ᵉ corps.

    7ᵉ   —

    14ᵉ   —

et le commandement en fut confié au général de Manteuffel, jusque-là commandant de la Iʳᵉ armée. Ce dernier reçut la mission de rejoindre avec les 2ᵉ et 7ᵉ corps les troupes du général de Werder, et de prendre l'offensive contre notre armée de l'Est.

(1-2) Dubail, *Précis d'histoire militaire*, 2ᵉ partie.

SIXIÈME PARTIE

Organisation actuelle du corps d'armée en France.

1° *Quartier général :*

  1° *État-major général :*

    Général commandant le corps d'armée.

    3 officiers d'ordonnance.

    Chef d'état-major, sous-chef d'état-major, officiers du service d'état-major, officiers brevetés, interprète, archiviste, estafettes, plantons, secrétaires d'état-major.

  2° *Escorte :* 1/2 escadron de dragons.

  3° *État-major de l'artillerie :* Général de brigade commandant l'artillerie du corps d'armée, avec un officier d'ordonnance, un chef d'état-major, des officiers du service de l'état-major de l'arme, un garde d'artillerie, des secrétaires et une petite escorte.

  4° *État-major du génie :* Colonel commandant le génie du corps d'armée, avec un chef d'état-major, un capitaine, un adjoint du génie et des secrétaires.

5° *Services administratifs :*

1° Direction des services de l'intendance du corps :
Un intendant militaire de corps d'armée avec des
fonctionnaires de l'intendance, des officiers d'administration et des commis aux écritures.

2° Administration du quartier général et des troupes
non endivisionnées, la brigade de cavalerie ex-
ceptée : Un fonctionnaire de l'intendance, des
officiers d'administration et des commis aux écritures.

6° *Service médical :* Un médecin principal de 1re classe
médecin en chef du corps d'armée, un médecin
de réserve, un pharmacien major et un officier
d'administration.

7° *Service vétérinaire :* Un vétérinaire en premier et
un vétérinaire de réserve.

8° *Aumônerie :* Trois aumôniers, un catholique, un
protestant, un israélite, marchent avec l'ambulance du quartier général.

9° *Société de secours aux blessés militaires :* Un délé-
gué.

10° *Prévôté et force publique :*
Un chef d'escadron de gendarmerie ou un lieutenant-colonel est prévôt du corps d'armée; un détachement de 10 gendarmes l'accompagne.

Pour le service du convoi : Un capitaine de gendarmerie vaguemestre du corps d'armée est chargé
de réunir et de former les équipages ainsi que
d'en assurer la police. Il est subordonné au prévôt et commande le détachement de la force pu-

blique, c'est-à-dire 30 gendarmes à cheval pour le service du convoi.

Pour la garde des prisonniers : 10 gendarmes à pied commandés par le même capitaine.

11° *Trésorerie et postes :* Payeur, sous-agents, estafettes, détachement du train. Ce service est assuré par la direction générale jusqu'aux stations têtes d'étapes de guerre.

12° *Vivres régimentaires du quartier général :* 2 jours (2 sections).

L'ensemble du quartier général comprend, approximativement, une cinquantaine d'officiers, 300 hommes, 300 chevaux et 50 voitures.

Éventuellement on y ajoute :

Justice militaire : 1 ou 2 conseils de guerre.

Télégraphie : Une section télégraphique de 1re ligne.

2° *Troupes :*

1° *Infanterie :*

2 divisions d'infanterie complètes et organisées comme nous l'avons vu au chapitre V de la IIe partie.

1 bataillon de chasseurs à pied.

2° *Cavalerie :*

1 brigade de cavalerie avec un quartier général et une section d'ambulance.

1 escadron d'éclaireurs volontaires (s'il est organisé).

« Aux termes de l'article 4 de la loi des cadres, la cavalerie de l'armée active devait comprendre 19 escadrons d'éclaireurs volontaires. Ces escadrons, qui devaient être constitués en tout temps et appelés à l'activité au moment des manœuvres et de la mobilisation n'ont jamais existé réellement. On a bien tenté de les organiser, mais on a dû y renoncer après des essais infructueux » (1).

3° *Artillerie de corps :* Commandée par le colonel du 2ᵉ régiment de la brigade, et divisée en 2 groupes de 3 batteries de 90 et 1 groupe de 2 batteries de 80.

4° *Parc d'artillerie* (les sections de munitions divisionnaires s'y trouvent comprises).

Le 1ᵉʳ échelon comprend environ 200 voitures et fait partie du train de combat du corps d'armée.

Il compte :

6 sections de munitions. { 2 d'infanterie. / 4 d'artillerie (2).

Le 2ᵉ échelon comprend aussi environ 200 voitures.

Il est commandé par le lieutenant-colonel du 2ᵉ régiment, directeur de l'École d'artillerie de la brigade, et se subdivise lui-même en :

4 sections de parc commandées chacune par un chef d'escadron.

1 détachement d'ouvriers d'artillerie.

1 détachement d'artificiers.

5° *Génie :* Une compagnie dite de réserve, suivie de son parc.

6° *Parc du corps d'armée.*

7° *Ponts :* Un équipage de ponts servi par une com-

---

(1) *A travers la cavalerie.*

(2) Ces données sont inexactes, mais c'est à dessein que nous les fournissons; la nouvelle organisation de l'artillerie, quoique connue de tout le monde, a encore, en France, un caractère confidentiel.

pagnie de pontonniers et attelé par la section de parc n° 5, fournie par le régiment de corps.

La 1re division comprend 7 sections pouvant construire un pont de 64 mètres. — De même la 2e division. — La réserve est chargée d'un complément d'outils d'approvisionnements et de rechanges.

3° *Services :*

    1° *Ambulance du quartier général :* Médecins, pharmacien, aumôniers, officier d'administration, infirmiers, brancardiers, détachement du train.

    2° *Convoi administratif du quartier général et des troupes non endivisionnées :*
        Il se subdivise en 4 sections portant chacune un jour de vivres.

        Les trois convois administratifs du corps d'armée sont rarement réunis et se fractionnent le plus souvent par échelons. Cependant, si pour une cause quelconque on les réunit, on met 1 kilomètre entre chaque convoi.

    3° *Dépôt de remonte mobile :* Marche avec le convoi administratif.

    4° *Réserve d'effets d'habillement et de petit équipement :* Marche également avec le convoi administratif.

    5° *Hôpitaux mobiles et, exceptionnellement, hôpitaux sédentaires de campagne.*

    6° *Boulangerie de campagne :* Attelée par un détachement du train et ayant un personnel d'officiers et d'ouvriers d'administration.

Les ressources en vivres, outils, munitions, soins médicaux, se subdivisent en deux parties :

1° Partie à la disposition immédiate des corps.

2° Partie formant réserve commune à tous les corps.

Par exemple, les 8 jours de vivres du corps d'armée se décomposent comme pour la division en :

1° Vivres à la disposition immédiate des corps : 4 jours, dont 2 portés par les hommes et 2 aux fourgons à vivres du train régimentaire du corps d'armée.

2° Vivres formant réserve commune à tous les corps : 4 jours portés par le convoi administratif du corps d'armée.

En résumé, le corps d'armée a :

35,700 hommes.

96 pièces de canon (1).

8 jours de vivres.

12,000 outils environ.

142 cartouches par homme.

200 coups par pièce de canon.

Tout le matériel roulant nécessaire pour transporter ces ressources se subdivise en :

1° *Train de combat* : En dehors de celui de chaque régiment, batterie, etc....., le train de combat proprement dit du corps d'armée comprend :

1° Le parc du génie du corps d'armée.

---

(1) Nombre inexact, se reporter à la note de la page 162.

2° Le 1er échelon du parc d'artillerie comprenant lui-même :

1° 2 sections de munitions d'infanterie.

2° 4 sections de munitions d'artillerie (1).

3° L'équipage de ponts (éventuellement).

2° *Le train régimentaire* où se tient l'ambulance du quartier général du corps d'armée.

3° *Le convoi* comprenant :

1° Le convoi administratif du quartier général et des troupes non indivisionnées.

2° Le convoi administratif de la 1re division.

3°   —   —   de la 2e   —

4° La réserve d'effets d'habillement et de petit équipement.

5° Le 2e échelon du parc d'artillerie.

6° Le dépôt de remonte mobile.

7° Les hôpitaux mobiles et, exceptionnellement, les hôpitaux sédentaires de campagne.

8° La boulangerie de campagne.

Il est attelé et conduit en grande partie par des hommes de l'escadron du train des équipages affecté à chaque corps d'armée en temps de paix.

---

(1) Chiffre inexact, se reporter à la note de la page 162.

SEPTIÈME PARTIE

Notions sur l'organisation du corps d'armée et de la division en Allemagne, en Russie, en Autriche et en Italie.

CHAPITRE PREMIER

ALLEMAGNE.

---

§ 1er. — ORGANISATION EN TEMPS DE PAIX.

Parmi les 25 États souverains dont la Confédération constitue l'empire d'Allemagne, la Bavière particulièrement, puis la Saxe, le Wurtemberg et le grand-duché de Bade ont conservé une indépendance relative ; ainsi, pour la Bavière, le Parlement impérial (Reichstag) se borne à fixer en bloc le chiffre des dépenses militaires. Le reste des États confédérés a ses contingents incorporés dans l'armée prussienne. « Cette incorporation se fait, d'ailleurs, selon deux modes différents : certains contingents forment des corps de troupe entiers ou des fractions de corps comptant dans l'armée prussienne comme unités constitutives de cette armée ; les autres sont incorporés dans les régiments prussiens mêmes » (1). Quant à l'Alsace-Lorraine, elle forme un pays d'empire (Reichsland), gouverné par un statthalter (lieutenant de l'Empereur), et son contingent est versé dans les régiments prussiens.

---

(1) Rau, *État militaire des principales puissances étrangères*, 1886.

« L'armée allemande n'est donc pas homogène. Il est toujours possible d'y distinguer une armée bavaroise, une armée wurtembergeoise, une armée saxonne, enfin, l'armée prussienne » (1).

Division du territoire. — Le territoire comprend **17** régions de corps d'armée dont :

    11 pour les provinces prussiennes et les petits États enclavés.

    2 pour le royaume de Bavière.

    1 — — de Saxe.

    1 — — de Wurtemberg.

    1 pour le grand-duché de Bade.

    1 pour l'Alsace-Lorraine.

Enfin « la garde royale prussienne forme un corps d'armée à part, et n'a pas de circonscription territoriale particulière. Elle tire ses recrues, ses réservistes et ses landwehriens de l'ensemble du territoire prussien » (2).

Le recrutement est régional.

États-majors. — Ils comprennent 3 catégories d'officiers :

1° Les officiers d'état-major proprement dits (généralstabsoffiziere).

    « C'est à eux seuls qu'appartient le service des mouvements et des opérations, par conséquent la préparation des ordres relatifs aux marches, aux combats et à l'entretien de l'armée..... Dans les nombreuses guerres entreprises par les Prussiens, la spécialité dans laquelle on a maintenu les officiers d'état-major sans cesser d'ouvrir leur service à tous les officiers, a eu des résultats très avantageux. Ce fait est devenu pour leur armée un véritable élément de force..... » (3). Ils proviennent des Académies de guerre de Berlin et de Munich où l'on reste trois ans.

2° Les officiers de l'adjudantur. Ils sont chargés particulièrement des affaires de chancellerie, et sont choisis parmi les officiers qui, à la suite du stage suivant la sortie de l'Académie de guerre, n'ont pas été classés dans l'état major.

3° Les officiers d'ordonnance. « Ils sont à la disposition des généraux et même des états-majors qui les emploient pour porter les ordres, pour des missions spéciales ou pour tout autre service particulier....... Ils sont choisis par les généraux dans les troupes sous leurs ordres. Les généraux ne peuvent en avoir qu'en campagne et pendant les manœuvres du temps de paix » (4).

(1-2-4) Rau, *État militaire des principales puissances étrangères*, 1886.
(3) Derrécagaix, *La guerre moderne*, stratégie.

Infanterie. — Chacun des 18 corps d'armée comprend :

1º 8 régiments d'infanterie groupés en **2** divisions et **4** brigades.

2º 1 régiment de fusiliers. Il se recrute sur tout l'ensemble de la région du corps d'armée, et, prenant tantôt plus, tantôt moins, dans telle ou telle subdivision, permet d'équilibrer le déficit des unes par l'excédent des autres.

3º 1 bataillon de chasseurs.

Il y a de nombreuses exceptions à cette composition normale, par suite des créations successives de régiments ou de bataillons nouveaux faites ces derniers temps.

Tous les régiments sont commandés par **1** colonel ou lieutenant-colonel, et organisés à 3 bataillons commandés eux-mêmes par **1** lieutenant-colonel ou **1** major. « En temps ordinaire, ils ne comprennent pas de dépôt constitué. Toutefois, il existe dans chaque régiment soit **2** officiers supérieurs, soit **1** officier supérieur et **1** capitaine ancien de grade, que l'on peut, jusqu'à un certain point, considérer comme représentant le noyau d'un dépôt, car ils sont destinés à prendre le commandement des nouvelles unités à former lors du passage sur le pied de guerre » (1).

Cavalerie. — Elle compte 93 régiments à 5 escadrons, dont **4** actifs et **1** de dépôt. L'escadron est de **150** hommes. Le régiment est commandé par **1** colonel, ou **1** lieutenant-colonel, ou **1** simple major.

« En dehors de ces régiments, la cavalerie possède encore un corps de chasseurs de campagne composé de jeunes gens de **19** à **23** ans, appartenant à l'administration des eaux et forêts, et destiné à fournir en campagne des courriers et des guides » (2).

« Elle est, en général, seulement embrigadée. Les brigades, d'ailleurs, de composition très peu uniforme, sont rattachées simplement pour ordre aux divisions d'infanterie, à raison d'une brigade par division » (3). Il y a lieu de s'étonner que les Allemands, si préoccupés d'abréger les délais de leur mobilisation, n'aient pas organisé à l'avance leurs divisions de cavalerie. Il n'en existe que **4** organisées en tout temps : celles de la garde, de la Saxe, d'Alsace-Lorraine et du 1er corps prussien. Certains écrivains militaires en donnent l'explication suivante : les Allemands considèrent la direction d'une division de cavalerie indépendante comme une mission des plus délicates, et veulent, au moment de la guerre, pouvoir la confier à des hommes réunissant toutes les conditions de vigueur physique et morale néces-

---

(1-2-3) Rau, *État militaire des principales puissances étrangères*, 1886.

saires pour la remplir. Le Ministre de la guerre tient secrètes, en conséquence, les désignations faites pendant la paix pour le commandement de ces divisions, suit de près, pendant les grandes manœuvres, ceux qui doivent en être chargés, et se réserve ainsi la faculté d'opérer sans inconvénient, sur le papier, toutes les mutations nécessaires. Il faut ajouter qu'un courant d'opinions contraires à ce système s'est établi dans l'armée allemande, et qu'il pourrait bien être modifié prochainement.

Artillerie. — Elle comprend :

1º L'artillerie de campagne. A chaque corps d'armée est attachée une brigade de 2 régiments ; le seul corps d'armée qui fasse exception est le 11ᵉ, parce qu'il possède 3 divisions au lieu de 2, par suite de l'adjonction de la division hessoise, il a un troisième régiment d'artillerie.

Toutes les brigades d'artillerie n'ont pas exactement la même composition, mais voici, d'après la loi du 11 mars 1887, celle qui est la plus fréquente :

Le régiment divisionnaire est formé de 3 abtheilungen de 3 batteries montées chacune et respectivement désignées 1º, 2º et 3º abtheilung. Le régiment de corps comprend 2 abtheilungen de 4 batteries montées chacune, et une abtheilung de 3 batteries à cheval.

2º L'artillerie de forteresse, entièrement distincte de l'artillerie de campagne. Un régiment ou un bataillon est attaché à chaque corps d'armée. Elle comprend :

  14 régiments à 2 bataillons.

  3 bataillons isolés.

  10 équipages de siège répartis dans les grandes places.

Génie. — Un bataillon par corps d'armée.

§ 2. — ORGANISATION EN TEMPS DE GUERRE.

Infanterie. — Lors du passage sur le pied de guerre, le nombre des divisions et des brigades restera le même. Mais, d'après les indications données par la presse et divers écrivains militaires, il se constituera de nouvelles unités au commandement desquelles seront affectés les 2 officiers formant cadre complémentaire dans chaque régiment. Ces nouvelles unités consisteront en :

1º Bataillons de campagne, probablement organisés à raison de 1 par brigade. Ils seraient au nombre de 64 seulement, car la garde et le corps d'Alsace n'en fourniraient pas. Il y a peu de temps encore, il semblait qu'avec ces bataillons de campagne pouvant former 21 régiments, on constituerait 2 nouveaux corps d'armée, plus 1 division de 5 régiments, qui, jointe à la division hessoise, formerait un 3e nouveau corps ; il y aurait en, dès lors, 24 corps d'armée réellement susceptibles d'être portés en ligne au début même des hostilités. Mais depuis les nouvelles lois militaires et l'accroissement de forces qui en résulte ; il semble que ces bataillons de campagne, en plus grand nombre désormais, resteront bien groupés en régiments, mais entreront directement dans la composition des corps d'armée actifs, au lieu de former des unités distinctes.

2° Bataillons de dépôt, à raison de 1 par régiment.

Cavalerie. — « Dans chaque régiment, les 4 escadrons actifs se complètent à l'effectif de guerre au moyen des ressources du 5e escadron, auquel ils cèdent en échange leurs hommes et leurs chevaux indisponibles. Le dépôt reçoit, en outre, des réservistes et des chevaux de réquisition » (1).

Chaque régiment est attaché à une division d'infanterie ou fait partie d'une division indépendante. « Les auteurs ne sont pas d'accord sur les formations de guerre de la cavalerie allemande. Deux systèmes sont en présence, sans qu'on puisse savoir lequel des deux sera employé :

« 1° L'armée allemande compte, pour l'armée active, 37 divisions d'infanterie. Si l'on attache, comme cela a eu lieu pendant les campagnes de 1866 et de 1870, un régiment de cavalerie à chacune d'elles, ces divisions prendront ainsi 37 régiments de cavalerie portant le nom de cavalerie divisionnaire. Il resterait encore 56 régiments avec lesquels on formerait des divisions indépendantes ; et, si ces divisions étaient constituées normalement, à 3 brigades de 2 régiments....., leur

---

(1) Rau, *État militaire des principales puissances étrangères*, 1886.

nombre serait de 9, comptant 54 régiments; 2 régiments resteraient encore disponibles. »

« 2° D'après le second système, les 93 régiments de cavalerie active seraient tous employés à la formation de divisions indépendantes. On aurait, de la sorte, 16 divisions. Dans ce cas, la cavalerie divisionnaire serait fournie par les régiments de landwehr. C'est au moyen de ce second système, très en faveur....., que l'état-major allemand compte réaliser cette terrible irruption dont on parle tant » (1).

Artillerie. — « Tout porte à croire que chacun des 5 groupes de batteries montées qui entrent dans la composition de la brigade d'artillerie du corps d'armée donnera naissance, lors de la mobilisation, à une batterie nouvelle. — De cette façon, le régiment divisionnaire mobiliserait 3 abtheilungen montées à 4 batteries chacune; les 2 premières seraient attribuées à chacune des divisions respectives d'infanterie du corps d'armée, et la 3ᵉ serait affectée à la division de réserve de campagne dont il sera parlé plus loin à propos de la constitution du corps d'armée sur le pied de guerre et de la mobilisation de la landwehr. — Les 6 premières batteries montées du régiment de corps réparties en 2 abtheilungen constitueraient l'artillerie de corps avec celles des batteries à cheval qui n'auraient pas été détachées dans les divisions de cavalerie. — Enfin, il resterait encore disponible dans chaque corps d'armée un groupe de 4 batteries montées (7ᵉ et 8ᵉ batteries du ré-

____

(1) *A travers la cavalerie.*

giment de corps dédoublées) pour constituer l'artillerie des formations nouvelles » (1).

« Il n'est pas à prévoir que l'on organise en Allemagne des réserves générales d'artillerie de campagne pour les armées d'opérations ; par contre, il est probable que des troupes d'artillerie de forteresse mobilisées dès le début et pourvues de canons de gros calibre, seront attachées aux armées, soit pour former une artillerie de position sur les champs de bataille, soit pour attaquer les forts d'arrêt, les ouvrages de fortification passagère, etc..... » (2).

Génie. — Le bataillon du génie de chaque corps d'armée compte 4 compagnies.

Les trois premières deviennent compagnies de campagne, et, en se mobilisant, constituent les formations suivantes :

« 1° 3 compagnies de pionniers de campagne : 2 à l'une des divisions, la 3ᵉ à l'autre division du corps d'armée ;

2° Les 2 équipages de pont divisionnaires, attribués à 2 des compagnies divisionnaires ;

3° Un équipage de pont du corps d'armée avec un détachement de pionniers » (3).

La dernière compagnie se transforme en 3 compagnies dont 2 deviennent compagnies de forteresse et 1 de campagne de réserve destinée à la division de réserve du corps d'armée.

§ 3. — DIVISION.

« Il n'y a pas de chef d'état-major titulaire : les différents organes dont dispose le commandant de la division reçoivent directement ses ordres et fonctionnent

---

(1) *Revue militaire de l'étranger*, 1887.

(2) Rau, *État militaire des principales puissances étrangères*, 1886.

(3) *Cours de stratégie*, École supérieure de guerre, 1887-88.

ainsi séparément sous l'impulsion que le général lui-même leur communique. On peut donc dire jusqu'à un certain point que le général de division est à lui-même son propre chef d'état-major » (1).

La division se compose de :

1° *2 brigades d'infanterie;*

2° *Un groupe d'artillerie de 4 batteries* formant ce qu'on appelle une abtheilung;

3° *1 régiment de cavalerie* (différence essentielle avec notre organisation);

4° *1 ou 2 compagnies de pionniers de campagne;*

5° *1 équipage de ponts* pouvant suffire à l'établissement d'un pont de 36 à 39 mètres de longueur (différence essentielle avec notre organisation). Il est attribué à la compagnie ou à l'une des 2 compagnies divisionnaires du génie;

6° *Un détachement sanitaire* ayant quelque analogie avec notre ambulance divisionnaire.

§ 4. — CORPS D'ARMÉE.

Son effectif a d'abord été établi d'après les mêmes principes que chez nous. Mais les Allemands ont une tendance manifeste à en modifier la composition, en lui adjoignant une division de réserve formée avec des troupes de landwehr, et à avoir ainsi dans le corps d'armée 3 divisions d'infanterie au lieu de 2. Enfin, partant de ce principe que, dans les guerres futures, il faudra

---

(1) Rau, *État militaire des principales puissances étrangères*, 1886.

agir par grandes masses, ils veulent augmenter sensiblement la force de la division qu'ils trouvent trop faible actuellement. Dès lors, chaque corps d'armée compterait environ 60,000 combattants et deviendrait « en quelque sorte la plus faible des unités composées de toutes armes, car dès l'origine des marches stratégiques la division d'infanterie perdra sa cavalerie divisionnaire consacrée presque tout entière au service de découverte à une journée de marche au moins en avant, sous les ordres du commandant de corps d'armée ; et dès que l'ennemi sera signalé, elle perdra momentanément son artillerie portée rapidement en avant des colonnes pour y agir sous la direction unique du commandant de l'artillerie de corps » (1).

Cette manière d'envisager le corps d'armée est la négation des principes exposés au chapitre II de la IIIe partie. Il semble impossible par exemple qu'il puisse, ainsi constitué, marcher sur une seule route. Les partisans du système affirment cependant qu'il pourra le faire « d'abord parce que les premières grandes batailles se livreront dans le voisinage des zones de concentration et que les mouvements avant l'action sont très limités ; parce que, ensuite, s'il faut exécuter des marches stratégiques, la profondeur des colonnes ne présentera pas de dangers loin de l'ennemi, et que, quand la cavalerie signalera des chances de rencontre prochaine, il sera possible de modifier l'ordre de marche en augmentant le front des unités d'infanterie et en reléguant les convois en arrière des colonnes de combat des 3 divisions » (2).

On peut donc dire qu'il comprend :

1° 2 *et plutôt* 3 *divisions d'infanterie* organisées comme on vient de le voir.

2° *Un régiment de fusiliers.*

3° *Un bataillon de chasseurs.*

(1-2) *Cours de stratégie*, École supérieure de guerre, 1887-88.

4° *L'artillerie de corps* répartie en :

    2 abtheilungen de 3 batteries montées chacune.

    1 abtheilung formée avec celles des 3 batteries à cheval du régiment de corps qui n'auront pas été détachées dans les divisions de cavalerie. En moyenne 2 batteries à cheval.

Les Allemands admettent que l'artillerie de corps « doit généralement agir comme un seul tout. C'est ainsi qu'ils l'ont souvent employée en 1870, imprimant à son action une puissance destructive, que venait augmenter la direction concentrique des feux. Son effet était toujours extrêmement sensible : effet destructeur sur l'artillerie, qu'elle mettait promptement hors de combat ; effet démoralisateur sur l'infanterie, qu'elle privait en peu de temps du soutien de sa propre artillerie..... Si on la répartissait entre les divisions, comme cela a été plusieurs fois proposé, on retirerait au commandement du corps d'armée son moyen le plus efficace pour imprimer une direction au combat et pour obtenir la supériorité sur le point décisif. Le chef du corps d'armée doit donc avoir seul le droit de disposer de son artillerie de corps. Tout en respectant ce principe, on laisse en Allemagne une part considérable à l'esprit d'initiative, et il en est résulté parfois que l'artillerie de corps s'est portée en ligne sur l'ordre du commandant de la brigade d'artillerie du corps d'armée ou même d'autres autorités » (1).

Un détachement sanitaire spécial est affecté à cette artillerie de corps, en même temps qu'aux autres troupes non endivisionnées.

5° 2 *abtheilungen de munitions.* Chacune d'elles comprend :

    2 colonnes de munitions d'infanterie.

    3 colonnes de munitions d'artillerie.

Ces deux abtheilungen ne sont point adjointes chacune à une division, mais constituent ce que nous appe-

---

(1) Derrécagaix, *La guerre moderne*, stratégie.

lons le parc du corps d'armée; à ce point de vue la différence avec notre organisation est donc essentielle. — Le transport des munitions d'infanterie est en outre assuré 1° par des voitures de compagnie à raison de une par compagnie.

Il est bon de remarquer que le nombre et la composition des abtheilungen de munitions figurant ici ne s'applique qu'au seul cas où le corps d'armée n'aurait que 2 divisions d'infanterie. Dans le cas plus probable où il aurait une 3e division, celle de réserve, ces données seraient forcément à modifier en conséquence.

6° *Un détachement de pionniers de campagne.*

7° *Un équipage de ponts,* permettant la construction d'un pont de 130 mètres environ et affecté au détachement de pionniers.

8° 12 *lazarets de campagne.* Leur emploi est réglé suivant les besoins par le commandement du corps d'armée. Le lazaret de campagne est un véritable hôpital de champ de bataille destiné à s'établir aussi près que possible du terrain de l'action, et par suite est doté d'un matériel restreint pour lui assurer toute mobilité.

9° *5 colonnes de vivres.*

10° *5 colonnes du parc des subsistances.*

11° *Une boulangerie de campagne* organisée pour pouvoir, dans un pays cultivé et avec l'aide de l'industrie privée, fournir constamment le pain de chaque jour.

12° *Une section de boucherie.*

13° *Un dépôt mobile de chevaux.*

Remarques :

1° Quoiqu'il n'existe pas à proprement parler de cavalerie de corps, il est bon de remarquer « que les dérogations à cette règle, à titre transitoire du moins, sont très fréquentes, non seulement en campagne, mais même dans les grandes manœuvres, et qu'un commandant de corps d'armée n'hésitera jamais à porter, s'il le juge utile, toute sa cavalerie sur un point donné, en laissant seulement à chaque division le strict nécessaire; 2 escadrons paraissent être le minimum admis » (1).

2° « On n'attache pas normalement, en Allemagne, de section télégraphique au corps d'armée. C'est seulement pour les armées que ces sections sont constituées, et elles restent à la disposition des commandants en chef » (2).

3° « Le corps d'armée contient 3 fractions combattantes, savoir : les 2 divisions et l'artillerie de corps; le reste est destiné à parer aux besoins probables » (3).

4° Les ressources en vivres, outils, munitions et soins médicaux se subdivisent, comme chez nous, en deux parties :

1° Partie à la disposition immédiate des corps.

2° Partie formant réserve commune à tous les corps.

Par exemple, les 9 ou 10 jours de vivres du corps d'armée se décomposent en :

1° Vivres à la disposition immédiate des corps : 4 ou 5 jours, dont 3 portés par les hommes (eiserne portion) et 1 ou 2 sur des voitures auxiliaires de réquisition qui suivent les corps et portent les vivres destinés à la consommation courante.

2° Vivres formant réserve commune à tous les corps : 5 jours portés par les convois du corps d'armée.

En résumé, le corps d'armée a :

37,000 hommes et 10,000 chevaux.

---

(1) *Cours de tactique d'infanterie*, École de guerre, 2ᵉ division, 1878.
(2) Rau, *État militaire des principales puissances étrangères*, 1886.
(3) Derrécagaix, *La guerre moderne*, stratégie.

96 pièces de canon.

9 ou 10 jours de vivres.

172 cartouches par homme.

258 coups par pièce de 9 et 558 par pièce de 8.

Tout le matériel roulant nécessaire à transporter ces ressources (1607 voitures, en y comprenant les voitures réquisitionnées), se subdivise en :

1° *Train de combat.*

2° *Premier échelon des convois* du corps d'armée comprenant :

2 sections de munitions d'infanterie.

3   —   —   d'artillerie.

2 colonnes de vivres.

1 colonne du parc des subsistances.

4 lazarets de campagne.

3° *Deuxième échelon des convois* du corps d'armée comprenant :

2 sections de munitions d'infanterie.

3   —   —   d'artillerie.

3 colonnes de vivres.

4   —   du parc des subsistances.

La boulangerie de campagne.

8 lazarets de campagne.

Le dépôt mobile des chevaux.

§ 5. — TROUPES DE 2ᵉ LIGNE, LANDWEHR, LANDSTURM.

Infanterie. — Chaque circonscription de brigade fournit 4 bataillons de landwehr. Ils sont groupés par deux et forment ainsi des régiments correspondant à ceux de l'armée active. Mais cette règle n'est pas absolue; ainsi, en Alsace-Lorraine, il n'y a que 8 bataillons formant 4 régiments.

Cavalerie. — « En cas de mobilisation, il doit être formé dans chaque corps d'armée des régiments dits « de réserve », à 4 escadrons de 150 sabres, dont le nombre dépendra des ressources en personnel disponibles....... On peut admettre qu'il sera formé environ 38 régiments de réserve » (1).

« Les hommes restant encore disponibles après la constitution de ces régiments, doivent être réunis en escadrons non montés » (2) et groupés en régiments à pied.

Artillerie. — En cas de mobilisation, chaque corps d'armée fournira avec l'excédent des réservistes et les landwehriens :

1° 4 ou 5 batteries.

2° 1 bataillon d'artillerie à pied correspondant à chaque bataillon de l'armée active.

La landwehr n'a pas de troupes du génie. Les hommes qui sortent de cette arme sont versés dans les troupes d'infanterie ou dans les compagnies du génie restant à l'intérieur.

Toutes les troupes dont il vient d'être question constitueraient l'armée territoriale (landwehr, 1° aufgebot) à laquelle on appartient jusqu'à 39 ans révolus.

Mais la loi du 11 février 1888, en prolongeant la durée du service actif jusqu'à 45 ans, a ainsi créé en

---

(1-2) Rau, *État militaire des principales puissances étrangères*, 1886.

outre une réserve de l'armée territoriale (landwehr, 2° aufgebot) dont les forces seront groupées en unités distinctes.

L'armée territoriale et sa réserve (landwehr, 1° et 2° aufgebot), qui ne sont soumises à aucun appel ni exercice en temps de paix, mais sont astreintes à concourir à la défense du pays en temps de guerre, formeraient les troupes de 2° ligne, dont l'effectif semble devoir atteindre 950,000 hommes le 21° jour de la mobilisation, et avec lesquelles on renforcerait les armées d'opérations. Une partie d'entre elles serait organisée de manière à fournir à chaque corps d'armée l'appoint d'une 3° division ; l'autre formerait des corps d'armée nouveaux et distincts, appelés à remplir des missions particulières.

Enfin, chaque région de corps d'armée fournirait (l'Alsace-Lorraine et le corps de la garde étant exceptés) 1 division de landsturm. Il y aurait ainsi 16 divisions de landsturm, plus 1 brigade correspondant à la division hessoise. — « Autrefois, le landsturm ne pouvait être appelé que dans le cas d'une invasion ou d'une menace d'invasion du territoire de l'Empire. Par la nouvelle loi, tout le landsturm doit concourir à la défense de la patrie, afin que les troupes d'opérations proprement dites puissent marcher à l'ennemi avec toutes leurs forces, et que, par une entrée en ligne opportune du landsturm, elles soient débarrassées du service des étapes et de garnison, ainsi que de la garde des frontières de terre et de mer les moins exposées » (1).

Remarque :

« En Allemagne, l'organisation militaire est dirigée avec une attention, un *esprit de suite*, une énergie, un sens pratique qui font passer les *besoins de l'armée avant tous les autres*, et qui ne cèdent à *aucune considération étrangère* » (2).

----

(1) *Cours de stratégie*, École supérieure de guerre, 1887-88.
(2) Derrécagaix, *La guerre moderne*, stratégie.

CHAPITRE II.

RUSSIE.

---

§ 1er. — ORGANISATION EN TEMPS DE PAIX.

Division du territoire. — Il y a 19 corps d'armée se répartissant en :

1 corps de la garde.
1 corps de grenadiers.
17 corps, dont 2 dans le Caucase.

Mais le territoire n'est partagé qu'en 14 régions ayant des commandants en chef sous les ordres desquels sont placés les commandants de corps d'armée.

A chaque régiment d'infanterie correspond une circonscription de recrutement. L'étendue de ces circonscriptions « a été calculée de telle sorte qu'elles fournissent toutes à peu près les mêmes ressources en hommes..... Toutes les autres troupes, artillerie, cavalerie, génie, etc....., reçoivent leurs recrues et leurs réservistes de toutes les parties de l'empire » (1).

État-major. — Les états-majors comprennent :

1° Le corps d'état-major proprement dit se recrutant à l'Académie d'état-major de Saint-Pétersbourg.

2° Les aides de camp et les officiers d'ordonnance, choisis parmi les officiers des corps de troupes et simplement détachés de ces corps.

---

(1) Rau, *État militaire des principales puissances étrangères.* 1885.

3° « Les chasseurs de campagne, composés d'officiers des différentes armes et destinés à remplir les fonctions de guides, de courriers de cabinet, à faire des reconnaissances, etc..... » (1).

Infanterie. — Elle comprend :

1° 48 divisions de 2 brigades à 2 régiments de 4 bataillons se décomposant ainsi :

> 3 divisions de la garde.
> 4 divisions de grenadiers.
> 41 divisions de la ligne.

2° 12 brigades indépendantes de chasseurs à 4 bataillons.

3° 8 bataillons de chasseurs non embrigadés.

Le régiment est commandé par un colonel (général de brigade dans la garde); les bataillons sont commandés par des lieutenants-colonels (colonels dans la garde).

Cavalerie. — La cavalerie russe se divise en 2 catégories bien distinctes : la cavalerie de l'armée active, et les troupes irrégulières de Cosaques.

1° La cavalerie de l'armée active comprend, comme celle des Allemands, 93 régiments; mais ils sont à 6 escadrons actifs de 150 sabres; seuls, les régiments de cuirassiers sont à 4 escadrons et ceux de uhlans à 2. Ces 93 régiments se décomposent en :

1° 10 régiments de la garde. { Cuirassiers. / Uhlans. / Hussards.

2° Régiments de dragons.

3° Régiments de Cosaques du premier ban.

Les dragons et les Cosaques sont en nombre à peu près égal. Aucun de ces 93 régiments n'a de dépôt particulier; il n'est formé de dépôt que pour l'ensemble de chaque division; quant aux Cosaques, ils n'ont pas de dépôt du tout.

En temps de paix, la cavalerie de l'armée active est groupée en divisions de composition d'ailleurs assez variable, et attachées aux corps d'armée.

« L'armement de cette cavalerie n'est pas le même que celui qui est généralement adopté dans les autres pays. Ainsi, dans les cuirassiers les hommes du 1er rang ont la lance. Dans les uhlans les hommes du 1er rang seuls ont la lance, ceux du 2e rang ont une carabine. Les

---

(1) *Cours de législation*, Saint-Cyr, 2e année, 1886-87.

dragons sont armés d'un fusil à baïonnette. Les hussards ont la carabine aux deux rangs. Les Cosaques ont tous la carabine; le 1ᵉʳ rang a en outre la lance, sauf dans les Cosaques du Caucase où il a un poignard » (1).

2° Les troupes irrégulières de Cosaques comprennent 93 régiments, c'est-à-dire autant que toute la cavalerie active réunie.

Artillerie. — Elle comprend :

1° L'artillerie de campagne constituée par :

1° 48 groupes montés attachés aux divisions d'infanterie. Chacun d'eux comprend généralement :

6 batteries montées à 4 pièces...   { 2 lourdes.   4 légères.

2° 42 batteries à cheval à 6 pièces, à raison de 1 par brigade de cavalerie.

3° 3 groupes mixtes indépendants, de composition variée, mais contenant tous des batteries de montagne...   { 1 du Turkestan.   1 de la Sibérie orientale.   1 de la Sibérie occidentale.

4° 5 batteries indépendantes...   { 2 à cheval.   3 de montagne.

« Il n'existe pas de régiments d'artillerie. Les groupes portent le nom de brigades et leurs chefs sont subordonnés aux commandants des divisions d'infanterie et des brigades de cavalerie auxquelles ils sont attachés. Ils sont officiers généraux. Les commandants de batterie ont le grade de colonel ou de lieutenant-colonel (dans la garde ils sont tous colonels) » (2).

2° L'artillerie de forteresse entièrement distincte de l'artillerie de campagne. Elle comprend :

1° 197 compagnies à pied groupées en bataillons, ou formant des compagnies indépendantes.

2° 3 parcs de siège, dont 2 de 400 bouches à feu en Europe et 1 de 200 bouches à feu dans le Caucase.

Génie. — Il forme une moyenne de :

1 bataillon de sapeurs par corps d'armée.

1 compagnie de pontonniers.

---

(1) Rau, *État militaire des principales puissances étrangères*, 1886.

(2) *Cours de législation*, Saint-Cyr, 2ᵉ année, 1886-87.

§ 2. — ORGANISATION EN TEMPS DE GUERRE.

Infanterie. — « L'effectif des bataillons est porté à 900 hommes.
Chaque régiment forme au moment de la mobilisation :
1° Un bataillon de dépôt à l'effectif de 1000 hommes.
2° Un bataillon de remplacement à l'effectif de 1000 hommes.

Cavalerie. — Les divisions de cavalerie restent constituées sur le pied de guerre comme elles le sont dès le temps de paix, c'est-à-dire, en moyenne, à 2 brigades de 2 régiments à 4 escadrons et 2 batteries à cheval. « Elles n'auront pas à fournir aux divisions d'infanterie la cavalerie divisionnaire que l'on rencontre généralement dans les armées mobilisées. Il est à présumer que, pour la constituer, on aura recours aux régiments de Cosaques, comme on l'a du reste fait pendant la dernière guerre contre les Turcs » (1). Dans tous les cas, que le régiment de cavalerie fourni à chaque division d'infanterie provienne des Cosaques ou d'autres, la Russie peut « faire agir encore 20 à 30 divisions indépendantes, munies chacune de 2 batteries à cheval, et cela, soit avec les corps d'armée auxquels sont attachées ces divisions, soit séparément et en grandes masses comme avec Gourko dans les Balkans » (2).

Artillerie. — Toutes les batteries sont portées à 8 pièces.

---

(1) Rau, *État militaire des principales puissances étrangères*, 1886.
(2) *A travers la Cavalerie.*

§ 3. — DIVISION.

Elle se compose de :

1° *2 brigades d'infanterie* à 2 régiments de 4 bataillons.

2° *Un groupe d'artillerie montée* formant ce que l'on appelle une brigade et comprenant :

6 batteries montées à 8 pièces. $\begin{cases} 2 \text{ lourdes.} \\ 4 \text{ légères.} \end{cases}$

3° *Un parc de munitions* comprenant :

2 sections de munitions d'infanterie.

3 sections de munitions d'artillerie.

4° *Une compagnie du génie avec un petit parc.*

5° *Une ambulance et 2 hôpitaux mobiles de campagne.*

« Pour ce qui est du convoi de vivres, comme il n'existe pas de train régulier des équipages militaires en Russie, chaque régiment attelle et conduit lui-même un nombre de voitures à vivres suffisant pour suppléer à l'absence de convoi administratif divisionnaire....... En principe, une partie seulement des voitures régimentaires à vivres doit suivre immédiatement les corps de troupes. Les autres..... forment un convoi de vivres, dit de réserve, qui reste en arrière et dont les mouvements sont réglés par le général de division » (1).

---

(1) Rau. *État militaire des principales puissances étrangères*, 1886.

§ 4. — CORPS D'ARMÉE.

Le développement des effectifs a fait dépasser de beaucoup le chiffre normal de 30,000 hommes adopté en France et en Allemagne. Ainsi, le système de groupement des divisions étant mixte, les corps d'armée qui ont 3 divisions d'infanterie comptent 43,000 fusils ; ceux qui n'en ont que 2 comptent 29,000 fusils.

Les éléments constitutifs du corps d'armée sont :

1° 2 ou 3 *divisions d'infanterie* organisées comme on vient de le voir.

2° Nous ne portons que pour mémoire *une division de cavalerie*, car, nous avons vu plus haut que ces dernières peuvent être appelées à agir absolument en dehors des corps d'armée. Il semble que, seuls, les corps à 2 divisions d'infanterie en seront pourvus de préférence.

3° *Sections de transports de l'intendance.* — « Règlementairement, le nombre de ces sections doit être tel qu'il y en ait au moins 2 par division d'infanterie et 1 par division de cavalerie, de manière à pouvoir transporter à peu près 8 jours de vivres et 4 jours d'avoine » (1).

Remarques :

1° Il est à remarquer que, contrairement à ce qui a lieu dans la plupart des autres armées, il n'y a pas

____

(1) Rau, *État militaire des principales puissances étrangères*, 1886.

règlementairement d'artillerie de corps en Russie, ce qui n'exclut du reste nullement la possibilité de former, dans une circonstance quelconque, un groupe de batteries restant à la disposition immédiate du commandant du corps d'armée, en détachant, par exemple, 2 ou 3 batteries de chaque groupe divisionnaire. C'est ce qui a eu lieu pendant la dernière guerre d'Orient, sur l'ordre du grand-duc Nicolas, commandant en chef l'armée du Sud » (1).

2° « Les ressources attribuées aux divisions constituent, avec celles que possèdent les corps de troupes eux-mêmes, les seules ressources du corps d'armée. Il n'est constitué aucune espèce de parc, ni de convoi, pour le quartier général, ce qui s'explique d'ailleurs aisément, puisqu'il n'y a pas de troupes non endivisionnées » (2).

3° Le service du génie n'a pas de répartition arrêtée d'avance.

4° De même, pour « les équipages de pont, les sections télégraphiques, etc..... Ils ne sont attribués qu'aux armées et restent à la disposition des commandants en chef qui les emploient suivant les circonstances » (3).

5° « On voit qu'on chercherait vainement dans l'armée russe la régularité d'organisation et de fonctionnement adoptée aujourd'hui dans notre armée, à l'imitation de l'Allemagne. »

« Nul doute que cette organisation sur un type unique ne soit applicable qu'aux grandes opérations, et encore en présence d'un théâtre de guerre particulier : l'Europe centrale. Mais il n'en est pas moins évident qu'un tel système constitue une supériorité, car, d'une part, il est réglé en vue des luttes les plus importantes, et, d'autre

---

(1-2-3) Rau, *État militaire des principales puissances étrangères*, 1886.

part, on peut toujours le modifier en cas d'urgence. Il vaut toujours mieux, on ne saurait trop s'en convaincre, avoir accidentellement quelques détails à changer, que d'être toujours contraint à constituer, au dernier moment, un agencement nouveau à l'aide d'éléments plus ou moins étrangers les uns aux autres » (1).

En résumé, le corps d'armée a :

29,000 ou 43,000 fusils.

96 pièces de canon ou 112, s'il comprend une division de cavalerie avec 2 batteries à cheval.

8 jours de vivres.
{ 3 jours de vivres de réserve.
5 jours sur les voitures à vivres.
  { 1 jour sur les voitures marchant avec les corps.
  4 jours sur les voitures formant les convois de vivres de réserve divisionnaires.

Nous ne faisons pas figurer dans cette énumération 8 autres jours de vivres portés par les convois de l'intendance.

184 cartouches par homme.

214 coups par pièce lourde et 261 par pièce légère.

Tout le matériel roulant nécessaire au transport de ces ressources (1443 voitures environ), se subdivise en 3 catégories :

1° *Convoi régimentaire*, marchant immédiatement

____

(1) *Cours de tactique d'infanterie*, École de guerre, 2e division, 1878.

derrière les régiments, batteries, etc..., et formé uniquement des voitures d'ambulance affectées à ces unités.

2° « *Convoi de la 2° catégorie*, marchant comme colonne spéciale, et tenu à une distance du gros des troupes qui varie, suivant l'éloignement de l'ennemi, entre 2 kilomètres et une demi-journée de marche » (1). Il comprend :

    1° Les voitures de munitions des corps de troupe (1 par compagnie). « On ne peut s'empêcher de considérer comme défectueux un système qui pourvoit les compagnies d'une énorme quantité de munitions, mais relègue cet approvisionnement au premier échelon des trains proprement dits, c'est-à-dire à 2,000 mètres au moins de la queue de la colonne de combat » (2).

    2° Les voitures de vivres portant la consommation d'un jour.

    3° Les voitures d'outils.

    4°   —   à bagages.

3° « *Convoi de la 3° catégorie* formant aussi colonne spéciale et suivant les troupes à une distance variable entre 1 et 3 jours de marche » (3). Il comprend :

    1° Les ambulances divisionnaires.

    2° Les voitures à vivres portant la consommation de 5 jours.

(1-2-3) *Cours de tactique d'infanterie, École de guerre, 2° division*, 1878.

« Aucune place n'est fixée pour les parcs de munitions ni pour les transports dits de l'intendance. Il paraît, toutefois, que pour les mêmes raisons qu'en Allemagne, les colonnes de munitions sont habituellement
partagées en vue des éventualités entre le convoi de la
2ᵉ catégorie et celui de la 3ᵉ; et, quant aux transports
dits de l'intendance, ils prennent évidemment rang derrière ce dernier » (1).

§ 5. — TROUPES DE RÉSERVE.

Infanterie. — Il existe actuellement, pour l'Europe
seulement, 102 cadres de bataillons d'infanterie de
réserve, qui, au moment d'une mobilisation générale,
se transformeraient en :

1° 101 régiments formant 25 divisions de réserve.

2° 102 bataillons indépendants qui constitueraient
les garnisons des places de l'intérieur.

Artillerie. — Chaque division d'infanterie de réserve
serait pourvue de :

4 batteries. . . . . . { 2 lourdes.
{ 2 légères.

Il n'est fait mention ici ni des troupes locales ni de la milice, parce
que les premières seront organisées suivant les besoins, et la milice,
quoique pouvant être appelée à renforcer les troupes actives, aura
aussi une organisation de circonstance.

---

(1) *Cours de tactique d'infanterie*, École de guerre, 2ᵉ division, 1878.

CHAPITRE III.

AUTRICHE.

---

§ 1er. — ORGANISATION EN TEMPS DE PAIX.

Division du territoire. — Le territoire est divisé en :

1° 15 régions de corps d'armée. . . . . { Autriche, 8 régions de corps d'armée.
 { Hongrie, 6 régions de corps d'armée.

2° Le commandement militaire indépendant de Zara.

États-majors. — L'état-major forme un corps spécial sortant de l'École de guerre pour l'infanterie et la cavalerie, et des cours supérieurs de l'artillerie et du génie pour ces deux armes. « Les officiers qui en ont suivi les cours ne doivent pas nécessairement entrer dans le corps d'état-major; pour un certain nombre d'entre eux, le passage par l'École de guerre peut avoir simplement pour conséquence de favoriser leur avancement en permettant de les proposer au choix » (1).

Infanterie. — Elle comprend :

102 régiments de ligne à 4 bataillons et 1 petit dépôt.

1 régiment de chasseurs tyroliens de l'Empereur, à 10 bataillons, qui ne sont réunis qu'au point de vue administratif et sont indépendants pour tout le reste.

32 bataillons de chasseurs ordinaires.

---

(1) Rau, *État militaire des principales puissances étrangères*, 1888.

En outre, 4 régiments doivent être formés en Bosnie et en Herzégovine; mais leur formation est encore très incomplète.

Cavalerie. — Elle comprend 41 régiments formant 20 brigades qui sont réparties d'une manière peu uniforme entre les 15 corps d'armée et le commandement de Zara.

Les régiments comptent uniformément sur le pied de paix :

 6 escadrons actifs à 150 sabres.

 1 peloton de pionniers.

 1 dépôt.

Ils se répartissent en :

1° Hussards recrutés en Hongrie et Transylvanie;

2° Uhlans recrutés en Galicie.

3° Dragons recrutés en Bohême et dans les pays allemands de la monarchie.

Nous remarquerons qu'il n'y a pas de grosse cavalerie, et que tous ces régiments, hussards, uhlans ou dragons, sont tous armés et équipés exactement de la même manière; personne n'est armé de la lance.

Artillerie. — Elle comprend :

1° L'artillerie de campagne formant 14 brigades composées chacune de :

 1 régiment dit de corps.

 2 groupes indépendants de 3 batteries lourdes chacun.

2° L'artillerie de forteresse.

Génie. — Il comprend 2 espèces de troupes bien distinctes, ayant des attributions communes et d'autres attributions plus spéciales :

1° Troupes du génie proprement dites, chargées spécialement de tout ce qui concerne la fortification permanente;

2° Pionniers, chargés spécialement des ponts militaires.

§ 2. — ORGANISATION EN TEMPS DE GUERRE.

Infanterie. — Lors du passage sur le pied de guerre, les bataillons sont portés à 900 hommes. — « Le dépôt se transforme aussi en un bataillon de 900 hommes, et fournit en outre 1 ou 2 pelotons d'état-major destinés à former des compagnies d'escorte pour les quartiers généraux des divisions d'infanterie » (1).

---

(1) Rau, *État militaire des principales puissances étrangères*, 1886.

Cavalerie. — Au moment de la mobilisation, le dépôt de chaque régiment doit former :

1° Un escadron mobile dit « de réserve » à 150 sabres ;

2° Un escadron de dépôt à l'effectif de 150 hommes ;

3° 2 pelotons d'état-major pour le service des escortes.

« Chaque division d'infanterie doit recevoir 3 ou 4 escadrons comme cavalerie divisionnaire, soit 1 régiment à 7 escadrons (y compris l'escadron de réserve) pour les 2 divisions actives d'un corps d'armée » (1). — Avec les régiments de cavalerie active restant disponibles, les escadrons de réserve de ces régiments, et les escadrons de landwehr non affectés aux divisions d'infanterie de landwehr, « on peut former au moins 16 brigades qui, réunies 2 à 2, constitueraient 8 divisions indépendantes à chacune desquelles serait attachée une batterie à cheval de 6 pièces » (2). Mais ce serait vraiment bien peu pour un pays possédant de nombreuses ressources en chevaux et pour un peuple de cavaliers. Ces divisions indépendantes, déjà beaucoup moins fortes que celles que les Allemands peuvent mettre sur pied sans avoir recours à la landwehr, leur sont encore inférieures par le nombre. « Aussi est-il probable qu'en cas de mobilisation, on s'écarterait sensiblement de cette organisation, qu'on emploierait les escadrons de landwehr en entier pour constituer la cavalerie divisionnaire, et qu'à l'instar de ce qu'on se propose de faire ailleurs, les 20 brigades de cavalerie active seraient employées entièrement à la formation de 10 divisions indépendantes » (3).

(1-2) Rau, *État militaire des principales puissances étrangères* 1886.

(3) *A travers la Cavalerie.*

Artillerie. — « Dans chaque brigade, le régiment de corps fournit l'artillerie de corps du corps d'armée correspondant. — Les 2 groupes indépendants de 3 batteries lourdes forment respectivement l'artillerie divisionnaire des 2 divisions d'infanterie » (1).

Un certain nombre de régiments de corps ayant, en plus de ce qui leur est nécessaire pour fournir l'artillerie de corps, un groupe de 3 batteries lourdes, un nombre correspondant de divisions de landwehr (formant comme nous le verrons plus loin 2e échelon dans les corps d'armée) seront pourvues ainsi d'artillerie divisionnaire, tandis que les autres en resteront dépourvues.

De même, un certain nombre de régiments de corps, ayant un groupe de 2 batteries à cheval en dehors de ce qui leur est nécessaire pour fournir l'artillerie de corps, fourniront les divisions de cavalerie indépendante de l'artillerie qui leur est nécessaire.

§ 3. — DIVISION.

La division se compose de :

2 *brigades d'infanterie.*

3 *ou 4 escadrons de cavalerie.*

Un groupe de 3 batteries lourdes à 8 pièces.

1 *section de munitions d'infanterie et d'artillerie.*

1 *compagnie du génie avec son parc.*

1 *ambulance.*

1 *convoi divisionnaire de subsistances.*

§ 4. — CORPS D'ARMÉE.

L'effectif du corps d'armée mobilisé est au-dessus de l'effectif normal adopté chez nous. Il va jusqu'à 50,000 hommes. Il comprend :

---

(1) Rau, *État militaire des principales puissances étrangères*, 1886.

1° *3 divisions* organisées comme on vient de le voir. Voici comment il se fait que le corps d'armée pourvu seulement de 2 divisions d'infanterie en temps de paix en possède 3 en temps de guerre : « L'armée austro-hongroise forme, en cas de mobilisation générale, 15 corps dont 13 à 2 divisions et fournis par les 13 premières régions de corps d'armée, un 14° organisé spécialement pour la guerre de montagne et un 15° chargé de garder la Bosnie, l'Herzégovine et la Dalmatie ; or, chacune des 14 divisions de landwehr, dont il sera parlé plus loin, paraît devoir être rattachée à l'un des 14 corps de l'armée active, soit comme 3° division de ce corps, soit plutôt comme 2° échelon » (1).

2° *Artillerie de corps* comprenant :

3 batteries lourdes.

2 batteries légères.

3° *1 section de munitions d'artillerie.*

4° *1 compagnie de pionniers* pourvue de :

1° Un parc de matériel.

2° Un équipage de pont d'avant-garde pouvant construire un pont de 13 mètres.

3° Deux équipages de ponts ordinaires pouvant construire chacun un pont de 53 mètres.

Ces 3 équipages réunis peuvent donc construire un pont de 119 mètres.

5° *Un parc de réserve du génie.*

6° *3 sections télégraphiques.*

7° *Un convoi de subsistances* « destiné à servir aux troupes non endivisionnées (artillerie de corps) afin de

---

(1) Rau, *État militaire des principales puissances étrangères*, 1889.

leur procurer ainsi des ressources équivalentes à celles que les troupes endivisionnées trouvent dans les convois divisionnaires » (1).

8° 2 *hôpitaux mobiles.*

9° 1 *boulangerie de campagne.*

Les ressources en vivres, outils, munitions et soins médicaux se subdivisent comme chez nous en deux parties :

1re partie à la disposition immédiate des corps.

2° partie formant réserve commune à tous les corps.

Par exemple les 6 jours de vivres du corps d'armée se décomposent en :

1° Vivres à la disposition immédiate des corps : 4 jours de vivres dont 2 portés par les hommes et 2 sur les voitures à vivres des corps.

2° Vivres formant réserve commune à tous les corps : 2 jours portés par les convois de subsistances du corps d'armée (2 convois divisionnaires, 1 convoi pour les troupes non endivisionnées).

En résumé le corps d'armée a :

50,000 hommes et 9,000 chevaux.

88 pièces de canon (ou plus, si la division de landwehr est pourvue d'artillerie).

6 jours de vivres.

137 cartouches par homme (les caissons à munitions de chaque bataillon doivent être supprimés et remplacés par des caissons à munitions de compagnies).

210 coups par pièce lourde, 226 par pièce légère.

---

(1) Rau, *État militaire des principales puissances étrangères*, 1886.

Tout le matériel roulant nécessaire au transport de ces ressources (1338 voitures) se subdivise en :

1° *Train de combat.*

2° *Train de bagages* dans lequel se trouvent comprises les sections de munitions d'infanterie et d'artillerie.

3° *Train de subsistances* dont la partie essentielle est constituée par les 3 convois de subsistances du corps d'armée.

§ 5. — LANDWEHR : TROUPES DE 2ᵉ LIGNE DEVANT SE FONDRE AVEC LES TROUPES ACTIVES.

Infanterie. — La monarchie austro-hongroise peut mettre sur pied 184 bataillons de landwehr à 900 hommes dont :

108 de honved (landwehr hongroise).

117 Cisleithans.

Le tout formant 14 divisions d'infanterie. Si les divisions de landwehr restaient indépendantes, et c'est peu probable, on les grouperait peut-être 2 par 2 pour constituer des corps d'armée nouveaux.

Cavalerie. — 67 escadrons, avec une partie desquels on formerait 13 régiments à 4 escadrons, qu'on affecterait aux divisions de landwehr des 13 premiers corps d'armée.

Artillerie. — Il n'existe pas d'artillerie de landwehr.

§ 6. — LANDSTURM.

Il y a peu de temps encore, le landsturm n'était composé que de volontaires et n'était formé qu'en cas de guerre en raison des besoins du moment. Le service n'était obligatoire dans le landsturm que pour le Tyrol et le Vorarlberg. L'institution pouvait donc être considérée comme absolument insuffisante et inefficace.

En 1886 il a été organisé sur un tout autre pied. Grâce à lui, dès l'ouverture des hostilités ou peu de temps après, l'Autriche pourra désormais :

1° « Constituer à l'armée de 1re ligne une réserve de remplacement du quart de son effectif de guerre.

2° Former et porter immédiatement en 1re ligne 14 divisions d'infanterie entièrement composées d'hommes instruits.

3° Assurer la garde des lignes d'étapes.

4° Assurer tous les services secondaires sans avoir recours aux combattants. »

« Dès lors toute l'armée de 1re ligne peut être portée vers l'objectif principal sans être affaiblie en aucune façon, ni par la constitution de corps d'observation, ni par les sièges de places, ni par la garde des communications, ni par la défense du territoire » (1).

---

(1) *Revue militaire de l'étranger*, 1886.

CHAPITRE IV.

ITALIE.

Division du territoire. — Il y a **12** régions de corps d'armée. Les corps d'armée sont à **2** divisions d'infanterie, et les divisions à **2** brigades.

État-major. — Il comprend :

1° Un corps spécial se recrutant par l'École de guerre. On n'est pas comme en France breveté à la suite des examens de sortie. Il faut d'abord faire un stage d'état-major.

2° Outre les officiers d'état-major proprement dits, des officiers détachés temporairement de leur arme pour seconder ces derniers, font le service matériel des bureaux et en déchargent le plus possible les officiers d'état-major. Ce sont les adjoints.

3° Officiers d'ordonnance pris dans les corps de troupes.

Infanterie. — Elle comprend :

94 régiments de ligne à **3** bataillons de **4** compagnies plus un dépôt.

Les bataillons sont commandés par des majors ou des lieutenants-colonels. — Les capitaines ne sont pas montés.

2 régiments de grenadiers ne se distinguant des autres régiments de ligne que par la taille des hommes (on n'y affecte que des hommes ayant au moins 1 mètre 74).

12 régiments de bersaglieri ayant la même composition que les régiments de ligne; « ils forment l'infanterie légère; ce sont des corps d'élite ; les hommes sont choisis parmi les plus robustes du contingent ; les capitaines y sont montés » (1).

7 régiments de troupes alpines qui « se recrutent parmi les montagnards de la région frontière où ils se tiennent en permanence. Ils sont destinés à arrêter les têtes de colonnes ennemies dans les passages des Alpes et à donner le temps à l'armée de se mobiliser et de se concentrer. Ils occupent des garnisons d'été dans les montagnes et des garnisons d'hiver dans la plaine » (2).

Cavalerie. — Depuis la loi du 23 juin 1887, elle compte 24 régiments à 6 escadrons actifs et un dépôt ; l'effectif dépasse 1,000 hommes.

> 4 régiments de lanciers lourds.
> 6   —   de lanciers légers.
> 14   —   de chevau-légers.

« Ils sont commandés par 1 colonel et subdivisés en 2 demi-régiments composés chacun de 3 escadrons et commandés l'un par le lieutenant-colonel et l'autre par 1 major. Il existe un 2e major chargé de l'administration » (3).

Artillerie. — Avant la loi du 23 juin 1887, elle se subdivisait en :

1° Artillerie de campagne, composée de « 12 régiments à raison d'un par corps d'armée..... Chaque régiment se divisait en 2 parties : la première de 6 batteries formant l'artillerie divisionnaire, la deuxième de 4 batteries formant l'artillerie de corps. Toutes les batteries étaient à 4 pièces seulement sur le pied de paix » (4). L'armée italienne ne possédait que 4 batteries à cheval à 6 pièces.

2° L'artillerie de forteresse, à laquelle étaient rattachées pour ordre des batteries de montagne.

Depuis la nouvelle loi, elle se subdivise en :

1° Artillerie de campagne, composée de :

> 1° 12 régiments divisionnaires à 8 batteries, groupées en 2 brigades de 4 batteries.
> 2° 12 régiments de corps, également à 8 batteries, groupées en 2 brigades de 4 batteries.
> 3° 1 régiment d'artillerie à cheval à 6 batteries, groupées en 3 brigades de 2 batteries.

(1-2-3) *Cours de législation*, Saint-Cyr, 2e année, 1886-87.
(4) *Cours de stratégie*, École de guerre, 1887-88.

4° 1 régiment d'artillerie de montagne à 9 batteries, groupées en 3 brigades de 3 batteries.

2° L'artillerie de forteresse avec 2 équipages de siège de **200** pièces.

Cette nouvelle organisation est loin d'être achevée pratiquement. L'ancienne subsiste temporairement; on a seulement créé « **48** batteries à **6** pièces, qui ont été réparties entre les **12** régiments de campagne, à raison de **4** par régiment » (1); chacun d'eux possède donc **24** pièces de plus. Le régiment d'artillerie à cheval est entièrement constitué.

Génie. — Les pontonniers font partie des troupes du génie.

§ 2. — ORGANISATION EN TEMPS DE GUERRE.

Cavalerie. — Par la loi du 23 juin 1887, chaque corps d'armée mobilisé sera pourvu d'un régiment de cavalerie. Les 12 autres régiments restant disponibles serviront à former 3 divisions indépendantes à 4 régiments seulement, et à chacune desquelles seront attachées 2 batteries à cheval. On voit combien la cavalerie italienne est peu nombreuse.

§ 3. — DIVISION.

Chaque division d'infanterie comprend :

2 *brigades d'infanterie*.

1/2 *régiment de cavalerie*.

Avant la loi du 23 juin 1887, elle avait un groupe de 3 batteries à 8 pièces; mais, depuis cette loi, elle est pourvue en principe de :

1 *brigade de 4 batteries* à **6** pièces.

1 *section de munitions* commune à l'infanterie et à l'artillerie.

---

(1) *Cours de stratégie*, École supérieure de guerre, 1887-88.

1 *ambulance* divisionnaire.

1 *convoi* de subsistances.

1 *compagnie de sapeurs du génie* dont une section est pourvue d'un équipage réduit se prêtant à une longueur de pont de 40 mètres (depuis la nouvelle loi seulement).

§ 4. — CORPS D'ARMÉE.

L'effectif du corps d'armée mobilisé se rapproche sensiblement de l'effectif normal adopté chez nous, environ 30,000 hommes. Il comprend :

1° 2 *divisions* organisées comme on vient de le voir.

2° 1 *régiment de bersaglieri*. Il est incontestable qu'en présence du théâtre probable des opérations que l'armée italienne peut être appelée à exécuter, cette ressource présente, surtout en cas de guerre défensive, une importance au moins équivalente à celle qu'offriraient quelques escadrons de cavalerie supplémentaires.

3° *Artillerie de corps*. Avant la loi du 23 juin 1887, elle était constituée par un groupe de 4 batteries à 8 pièces ; on voit que l'ensemble de l'artillerie du corps d'armée était assez faible. Depuis la nouvelle loi, elle se compose en principe de :

2 brigades ayant chacune 4 batteries à 6 pièces.

4° *Parc d'artillerie* « transportant, d'une part, un approvisionnement supplémentaire de munitions pour les 2 divisions, et, d'autre part, pour l'artillerie de corps, un approvisionnement équivalent à celui que les batteries divisionnaires trouvent dans les sections de munitions et de parc » (1).

5° 2 *compagnies du génie* à la disposition du commandant du corps.

(Nous ne garantissons pas l'exactitude de ce renseignement ; nous le fournissons seulement comme résultat d'un calcul que nous avons fait en nous basant sur la nouvelle composition des troupes du génie d'après la loi de 1887).

6° 1 *ambulance* pour les troupes non endivisionnées.

7° 1 *convoi de subsistances* pour les troupes non endivisionnées.

8° 1 *parc de vivres de réserve.*

9° 1 *boulangerie de campagne.*

« Il n'y a ni sections télégraphiques ni hôpitaux mobiles. Ces éléments ne sont ordinairement constitués que pour les armées, et ils restent à la disposition des commandants en chef qui les répartissent suivant les besoins » (2).

D'après la loi de 1887, et contrairement aux dispositions qui existaient antérieurement, le corps d'armée ne possède aucun équipage de ponts en dehors de celui qui est affecté à chaque division. On n'en trouve plus que dans les armées, à chacune desquelles est adjointe une brigade de 2 ou 3 compagnies de pontonniers avec un équipage complet par compagnie. Chaque compagnie peut jeter 200 mètres de ponts.

Les ressources en vivres, outils, munitions, et soins médicaux, se subdivisent comme chez nous en 2 parties :

1° Partie à la disposition immédiate des corps.

2° — formant réserve commune à tous les corps.

Par exemple, les 6 jours de vivres du corps d'armée se décomposent en :

(1-2) Rau, *État militaire des principales puissances étrangères,* 1886.

1° Vivres à la disposition immédiate des corps : 4 jours de vivres, dont 3 portés par les hommes et 1 par les convois de subsistances (divisionnaires et de corps).

2° Vivres formant réserve commune à tous les corps : 2 jours portés par le parc de vivres de réserve du corps d'armée.

En résumé, le corps d'armée a :

Près de 30,000 hommes, dont 24,000 fusils et 4,000 chevaux.

96 pièces de canon depuis la nouvelle loi.

6 jours de vivres.

184 cartouches par homme.

300 coups par pièce.

Tout le matériel roulant nécessaire au transport de ces resources (1086 voitures environ), se subdivise d'une manière analogue à la nôtre.

Remarque :

« En temps de paix, les corps d'armée sont loin d'être constitués comme ils doivent l'être en temps de guerre ; ils auront donc, en réalité, à s'organiser complètement au moment du passage au pied de guerre. Il est admis, en principe, que cette opération se fera en même temps que la concentration de l'armée, chacun des éléments constitutifs désignés pour faire partie d'un corps d'armée donné se rendant isolément, avec ses effectifs de paix, au point assigné pour la concentration de ce corps. Les compléments nécessaires pour attein-

dre les effectifs de guerre s'y rendront de leur côté....,
ce ne sera donc que quand la concentration se trouvera
achevée, que les corps d'armée auront tous leur composition régulière » (1).

§ 5. — TROUPES DE 2ᵉ LIGNE : MILICE MOBILE.

Il doit y avoir une armée de 2ᵉ ligne, constituée avec
la milice mobile. On formerait, dans chaque corps d'armée, une division organisée en infanterie et en artillerie comme les divisions actives, mais dépourvue de
cavalerie, car « l'Italie, pays de montagnes, n'a que
des ressources chevalines fort restreintes et des finances
peu prospères » (2). Il serait possible que ces divisions
fussent groupées en corps d'armée ; toutefois, il paraît
plus probable qu'elles resteraient indépendantes les
unes des autres. Il convient d'observer, d'ailleurs, que
malgré leur dénomination, ces troupes de 2ᵉ ligne sont
susceptibles d'être appelées à renforcer les armées
d'opérations et à combattre à côté des troupes actives.
Peut-être donc, quelques corps d'armée seront-ils formés à 3 divisions, dont 2 actives et 1 de milice mobile.

§ 6. — MILICE TERRITORIALE.

Elle formera les garnisons des forts et des places du
royaume.

---

(1) Rau, *État militaire des principales puissances étrangères*, 1885.
(2) *A travers la Cavalerie.*

TABLE DES MATIÈRES

IIe PARTIE.

PRINCIPE DIVISIONNAIRE. — DEMI-BRIGADES, BRIGADES, DIVISIONS. — CONSTITUTION DE LA DIVISION.

IIIe PARTIE.

RÉUNION TEMPORAIRE DE PLUSIEURS DIVISIONS SOUS UN SEUL COMMANDEMENT. — CORPS D'ARMÉE.

IVe PARTIE.

ORGANISATION DES CORPS D'ARMÉE PERMANENTS.

Ve PARTIE.

COMPOSITION D'ENSEMBLE DE L'ARMÉE ALLEMANDE DANS LA GUERRE DE 1870-71.

VIe PARTIE.

ORGANISATION ACTUELLE DU CORPS D'ARMÉE EN FRANCE.

VIIe PARTIE.

NOTIONS SUR L'ORGANISATION DU CORPS D'ARMÉE ET DE LA DIVISION EN ALLEMAGNE, EN RUSSIE, EN AUTRICHE ET EN ITALIE.

Paris. — Imprimerie L. Baudoin et Cie, 2, rue Christine.